Erleben
Fragen

Evangelische
Religionslehre
5. Jahrgangsstufe
Gymnasium

Claudius Verlag
München

ERLEBEN

FRAGEN

Verfasser und Verfasserinnen der einzelnen Themenbereiche:

Kapitel 1: Könige in Israel – von Gott erwählt – den Menschen verpflichtet
Ingrid Grill

Kapitel 2: Ich und die anderen – miteinander leben – zu sich selbst finden
Vera Utzschneider

Kapitel 3: Die Schöpfung entdecken und bewahren
Lothar Schmalfuß

Kapitel 4: Jesus begegnen – (von) Gott erfahren
Gabriele Heller

Kapitel 5: Glauben erleben – Leben entdecken
Regula Winkler

Herausgeber: Wolfgang Müller, Max W. Richardt, Lothar Schmalfuß

ISBN 3-532-70000-X

1. Auflage 1996

Gestaltung und Typographie: Bertram J. Schmidt, Baierbrunn
Illustrationen: Susanne Glöckner
DTP-Layout und Herstellung: Heidrun Barth
Reproduktion: OPTO TRADE Graphische Systeme GmbH, Penzberg
Druck: R. Oldenbourg Graphische Betriebe GmbH, München

VORWORT

Habt ihr mich schon entdeckt in eurem neuen Religionsbuch? Darf ich mich vorstellen? Gleich vorweg: Verwechselt mich bloß nicht mit den netten Dickhäutern aus Fernsehen und Kinderzeitschriften! »Motzofant« haben mich die Verfasser dieses Buches genannt – weil ich zwar ein netter, aber auch ein besonders wachsamer und kritischer Elefant bin. Ich nehme nicht alles einfach so hin, was die Leute sagen oder was in den Büchern steht – nicht mal in Religionsbüchern! Ihr doch auch nicht, oder?

In aller Bescheidenheit darf ich sagen: Ich bin eine wichtige Person in diesem Buch. Ich war von Anfang an dabei und kenne es von A bis Z. Damit ihr euch in eurem Religionsbuch zurechtfindet, werde ich euch etwas über seine Entstehung und über seinen Inhalt erzählen. Wie ihr seht, bin ich also auch sehr hilfsbereit!

Außer mir haben noch vier Lehrerinnen und ein Lehrer das Buch verfaßt. Sie haben alle schon oft in der 5. Klasse unterrichtet und sich viele Gedanken darüber gemacht, wie ein Religionsbuch aussehen könnte, das euch gefällt und das euch anregt, über euch selbst und über euren Glauben nachzudenken. So ist ein dickes Buch entstanden mit vielen Bildern, mit Geschichten und Informationen, mit Liedern und Gedichten – es gibt also einiges zu »erleben« und viel zu »fragen«, wie der Titel sagt. Manches werdet ihr im Religionsunterricht zusammen mit eurem Lehrer oder eurer Lehrerin besprechen, über anderes macht ihr euch vielleicht allein oder gemeinsam mit Eltern, Freund oder Freundin Gedanken.

Die fünf Autorinnen und Autoren haben jede/r ein Kapitel bearbeitet. Zwischendurch haben sie sich oft zusammengesetzt und ihre Entwürfe und Ideen ausgetauscht. Natürlich waren sie manchmal völlig verschiedener Meinung, und ihr könnt euch denken, daß ich auch ein kräftiges Wort mitzureden hatte! Spannend wurde es dann, wenn sie merkten, daß sie auf gemeinsame Fragen und Probleme stießen, die in den fünf Kapiteln jeweils unterschiedlich beleuchtet werden. So geht es immer wieder um Erfahrungen der Menschen mit Gott, um Erfahrungen der Menschen miteinander und darum, was das beides miteinander zu tun hat: der Glaube an Gott und wie Menschen miteinander umgehen.

Ein kleiner Zeigefinger im Text weist euch jeweils darauf hin, daß hier ein Thema angesprochen wird, das auch in einem anderen Kapitel vorkommt. Ihr müßt ja das Buch nicht von Anfang bis Ende durcharbeiten; ihr könnt euch, zusammen mit eurem Lehrer oder eurer Lehrerin, eigene Wege suchen.

An anderen Stellen findet ihr ein kleines Buch. Es bedeutet: Hier solltet ihr die Bibel aufschlagen (oder euch von eurer Lehrerin/eurem Lehrer daraus erzählen lassen). Die Bibel ist ja eigentlich das wichtigste Religionsbuch – viel wichtiger als dieses hier. Aber vielleicht könnt ihr mit Hilfe dieses Buches manches aus der Bibel besser verstehen und könnt am Ende sagen: Das sind ja gar nicht bloß »alte Geschichten«; das hat ja mit uns heute zu tun!

Daß in den Kästen mit dem Fragezeichen Fragen, Denkanstöße und Aufgaben stehen, darauf seid ihr wahrscheinlich auch selbst schon gekommen. Erschreckt nicht, daß es so viele sind! Ihr müßt selbstverständlich nicht alle bearbeiten! Wählt zusammen mit eurer Religionslehrerin oder eurem Religionslehrer aus, welche Aufgaben euch interessieren und zu eurer Klasse passen. Oder denkt euch eigene aus!

Schließlich möchte ich euch noch Stefan, einen Jungen in eurem Alter, und Lisa, seine ältere Schwester, vorstellen, die euch an mehreren Stellen in diesem Buch begegnen. Stefan und Lisa machen in ihrem Alltag Erfahrungen wie ihr, und sie stellen schwierige Fragen nach Gott und der Welt, wie ihr es vielleicht auch tut. Manche davon werden euch wohl ein Leben lang beschäftigen – zum Beispiel die Frage, warum Gott Unrecht und Leid zuläßt. Hier können euch auch die Autoren des Religionsbuches keine »fertigen Lösungen« anbieten. Aber sie möchten euch einladen, zusammen mit Lisa und Stefan nach Antworten zu suchen; sie wünschen sich, daß ihr in diesem Buch Gedanken oder Bilder findet, die euch dabei weiterhelfen.
Mehr verrate ich jetzt noch nicht, schmökert doch einfach selbst im Buch herum! Mich werdet ihr dabei immer wieder treffen – in allen Lebenslagen. Und laßt mich bitte bei meiner Arbeit nicht allein! Traut euch, selbst Fragen zu stellen; sagt, wenn ihr etwas nicht versteht oder wenn euch etwas merkwürdig vorkommt! Euer Lehrer oder eure Lehrerin wird sicher gern mit euch darüber sprechen. Vielleicht fällt es euch leichter, euch mit einer kritischen Frage zu melden, wenn ihr ein selbstgebasteltes Lesezeichen mit dem Motzofanten in die Hand nehmt (zeichnet mich oder kopiert das Bild von mir, das euch am besten gefällt).

Über die Verlagsadresse (Claudius Verlag, Birkerstr. 22, 80636 München) erreicht ihr die einzelnen Verfasser/innen. Schreibt ihnen eure Fragen oder eure Meinung zu diesem Buch! Sie freuen sich darüber und antworten euch bestimmt!
Bis später!

Euer Motzofant

INHALT

Kapitel 1: Könige in Israel – von Gott erwählt – den Menschen verpflichtet 9

Mit Erinnerungen leben
(K)einer soll herrschen!
Sieger und Verlierer
Stadt der Erinnerung – Stadt der Hoffnung
Wer tritt für Gottes Recht ein?

Kapitel 2: Ich und die anderen – miteinander leben, zu sich selbst finden 45

Erwartungen, Erwartungen
Wer bin ich?
Spielregeln des Lebens? Alles, was recht ist!
Kinder brauchen Rechte – Kinder haben recht
Damit Gesetze nicht zu Fesseln werden

Kapitel 3: Die Schöpfung entdecken und bewahren 83

Gott schuf die Welt
Was Christen bekennen
Die Welt, von der wir leben

Kapitel 4: Jesus begegnen – (von) Gott erfahren 109

Menschen denken über Gott nach
Jesus erzählt von Gott
Jesus läßt Menschen Gott spüren
Jesus läßt Menschen hoffen

Kapitel 5: Glauben erleben – Leben entdecken 145

Erzählen – Schreiben – Lesen
Malen – Bauen – Darstellen
Feste feiern – Gottesdienste gestalten
Danken – Loben – Klagen

KAPITEL 1....

Könige in Israel – von Gott erwählt, den Menschen verpflichtet

MIT ERINNERUNGEN LEBEN

DER ALTE HUND JOHNNY

Lisa: Ihhh – was ist denn das für ein Fetzen!? Stefan, schau mal, was ich da gefunden habe: das war wohl mal ein Teddy. Er ist ganz dreckig und hat nur noch ein Auge; und da hängt sowas wie ein Ohr an einem Faden...

Stefan: Zeig her – das – das ist ja Johnny!

Lisa: Johnny?

Stefan: Mein alter Hund! Daß es den noch gibt! Schmeiß den bloß nicht weg! Den hab' ich früher überall mit hingenommen. Ich konnte ohne ihn nicht einschlafen; sogar am ersten Schultag war er mit dabei!

Lisa: Jetzt fällt's mir auch wieder ein: den hast du doch mal im Urlaub vergessen, da mußten wir bei der Heimfahrt wieder umkehren...

Stefan: Ja, das war der Urlaub in Kärnten – war das nicht, wo wir schwimmen gelernt haben?

Lisa: Du hast schwimmen gelernt! Ich konnte es schon lange! Ich hab' doch damals die aufregende Nachtwanderung mit Papa gemacht!

Stefan: Den Hund hat mir Oma geschenkt, als wir Ostern bei ihr waren. Da war ich vier, glaube ich. Sie hatte ihn im Gebüsch versteckt. Das nächste Ostern konnten wir nicht mehr zu ihr; da lag sie schon im Krankenhaus, und bald darauf ist sie gestorben...
Lisa: Jetzt, wo ich den kaputten Hund sehe, fällt mir auch alles wieder ein. – Oma fehlt mir so!
Stefan: Hoffentlich bleibt Opa noch lange gesund!
Lisa: Ich sollte ihm mal wieder schreiben. Vielleicht kommt er in den nächsten Ferien zu uns?
Stefan: Au ja, und schreib ihm auch, daß wir Johnny wiedergefunden haben!

Beschreibe, was der alte Hund Johnny alles bewirkt hat bei Stefan und Lisa.

Hast du auch ein Stofftier oder ein Spielzeug, das dich an vieles erinnert, was du erlebt hast, an Schönes und Trauriges? Sprich mit deinen Eltern und Geschwistern darüber! Frage sie auch nach ihren Erinnerungen!

Viele Leute denken so wie der Motzofant. Was könnte man ihnen antworten?

ISRAEL ERINNERT SICH: WIR WAREN SKLAVEN – GOTT HAT UNS BEFREIT!

Auf diesem Bild sieht man, wie eine jüdische Familie den Sederabend feiert, mit dem das einwöchige Pessachfest beginnt. Juden in aller Welt erinnern sich an diesem Abend an den Auszug aus Ägypten. Eines von vielen jüdischen Kindern, die diesem Fest entgegenfiebern, ist Jonas. Schon seit Tagen laufen in seiner Familie die Vorbereitungen: Die Wohnung wird geputzt, das Geschirr sorgfältig gereinigt, es wird eingekauft, gebacken und gekocht. Alle müssen mithelfen.

Am Sedermorgen bringt Jonas keinen Bissen hinunter, ganz blaß ist er – wird er etwa krank? Jonas würde sich tatsächlich am liebsten im Bett verkriechen, denn er muß doch heute abend beim Fest die Fragen stellen – ja, schlimmer noch: Er muß sie singen, vor allen Leuten! Jonas übt immer wieder den ersten Satz mit seiner schwierigen Melodie: »Warum ist diese Nacht so anders als alle anderen Nächte?«

Wenn er diese Frage gestellt hat, wird Vater erzählen: von der Knechtschaft der Israeliten in Ägypten, von ihrer Flucht und von ihrer wunderbaren Rettung am Schilfmeer. Er wird dabei auf die einzelnen Speisen auf dem Tisch zeigen, denn sie haben alle etwas mit der Geschichte zu tun.

Besonders feierlich ist es, wenn alle ihr Glas mit Wein erheben. Jonas und seine Schwestern, Hanna und Lea, bekom-

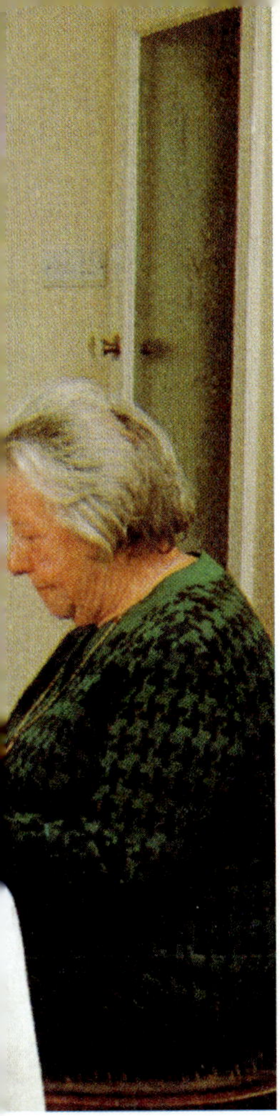

Auf einer Sederschüssel (Bild rechts) sind Speisen für den Sederabend angerichtet:

a) – b) – c) ***Matzen***
Vor der Flucht war keine Zeit mehr, das Brot zu säuern.

d) ***Grünes Kraut oder Gemüse***
Gott hat die Früchte des Gartens wachsen lassen.

e) ***Salzwasser***
Viele Tränen flossen.

f) ***Bittere Kräuter***
Bitter war die Gefangenschaft.

g) ***Charosseth***
Die Sklaven mußten Lehmziegel gießen und formen.

Rezept:
Vermische
1EL Nüsse
1 geriebenen Apfel
Zimt, Zucker

h) und i) ***Ein Lammknochen und ein Ei***
Vor der Flucht wurde ein Lamm geopfert. Das Ei erinnert an das spätere Opfer im Tempel.

men Traubensaft. Wein trinkt man aus Freude über die Befreiung aus Ägypten; alle singen fröhliche Lieder. Beim Pesachfest steht immer ein Becher zuviel auf dem Tisch; der ist für den Propheten Elia bestimmt.
Für ihn dürfen Jonas und seine Schwestern beim Fest die Tür öffnen. Die Juden warten darauf, daß Elia als Vorbote des Reiches Gottes kommen wird. Dann werden endlich alle Menschen in Freiheit und Frieden leben können!

Die Erzählung vom Auszug aus Ägypten kennen alle natürlich schon in- und auswendig, aber Mama hat gesagt: »Es ist wichtig, daß wir die Geschichte immer wieder hören und daß wir darüber nachdenken, was sie mit uns zu tun hat« – Mit uns? ›Sklaverei‹ gibt es bei uns jedenfalls nicht mehr; obwohl – Papa sieht in letzter Zeit oft sehr müde und enttäuscht aus, wenn er von der Arbeit kommt. Und Mama hat schon wieder Ärger mit ihrem Chef gehabt – und er, Jonas, selbst? Mama hat ihm erklärt, warum gerade er diese schwierigen Sätze sagen muß: »Du bist der Jüngste in der Familie. Ich weiß, du mußt dir manchmal ganz schön viel gefallen lassen von deinen beiden großen Schwestern. Aber heute abend bist du die Hauptperson! Überleg mal, Jonas, vielleicht kommst du sogar selbst darauf, warum das an dem Tag, an dem wir die Befreiung aus Ägypten feiern, so sein muß! Und wenn du dich versprichst oder ein paar falsche Töne singst, dann macht das wirklich nichts!«

Jonas denkt nach. Und fühlt sich dabei eigentlich recht stolz auf seine Hauptrolle! Viele Leute werden am Tisch sitzen: Mama und Papa, seine Schwestern, Oma, die beiden Opas, Onkel Samuel, Tante Ruth mit dem Baby und – na ja, leider auch die alte Frau Schmidt von nebenan, die er eigentlich nicht mag, weil sie ihm immer verbietet, mittags im Hof Ball zu spielen. Sie schaut auch immer so streng. Aber Mama sagt, am Pessachfest soll keiner einsam sein. Und wie Jonas so nachdenkt, wird es ihm eigentlich ganz klar, wieso er gerade an diesem Fest das erste Wort hat, und auch, warum es schon in Ordnung ist, daß Frau Schmidt dabei sein wird.

Jonas hat am Ende etwas Wichtiges begriffen. Vielleicht spricht er später mit seinen Eltern darüber – magst du das Gespräch nachspielen? Versuche dich in die Personen, die hier feiern, hineinzuversetzen. Was könnte zum Beispiel Jonas oder seiner Mutter zum Charosseth, was Frau Schmidt zum Salzwasser einfallen? Kennst du Feste (z.B. Familienfeste oder christliche Feste), bei denen Erinnerungen eine wichtige Rolle spielen? Gibt es da auch »Erinnerungszeichen«, ähnlich den Dingen am Sederabend?

Elia wird als Vorbote des Reiches Gottes erwartet. Auf S. 141 kannst du lesen, was Jesus vom Reich Gottes erzählt hat.

Eliahu Hanawi, ein fröhliches Lied, mit dem die Ankunft des Propheten Elia herbeigesungen werden soll:

Übersetzung: Elia, der Prophet, Elia aus Thisbe, Elia aus Gilead, möge bald zu uns kommen mit dem Messias, dem Sohn Davids!

■ Israel hat erfahren, wie schlimm Sklaverei ist und wie traurig es ist, in Gefangenschaft zu sein. Aber die Israeliten wurden aus der Gefangenschaft befreit. Sie jubelten und dankten Gott dafür. Und sie wollten etwas daraus lernen: Weil sie nun wußten, wie schlimm es ist, unterdrückt zu werden, wollten sie untereinander gerecht leben und besonders die Schwächsten schützen. Das ist nun über 3000 Jahre her, und jedes Jahr erinnern sich die Juden an ihre Befreiung und an das, was sie sich damals vorgenommen haben. ■

ISRAEL LERNT AUS SEINER ERINNERUNG

Die Israeliten wollten nicht nur einmal im Jahr an die Schwachen denken. Sie wollten es täglich tun, immer und überall. Ganz besonders wichtig waren ihnen darum die Zehn Gebote. Die Bibel erzählt, daß Gott sie ihnen durch Mose auf dem Berg Sinai gegeben hat. Seither sind sie für Juden heilig und unantastbar. Sie fühlen sich damit beschenkt und danken Gott dafür. Von ihnen haben die Christen diese Gebote übernommen.

Die Zehn Gebote

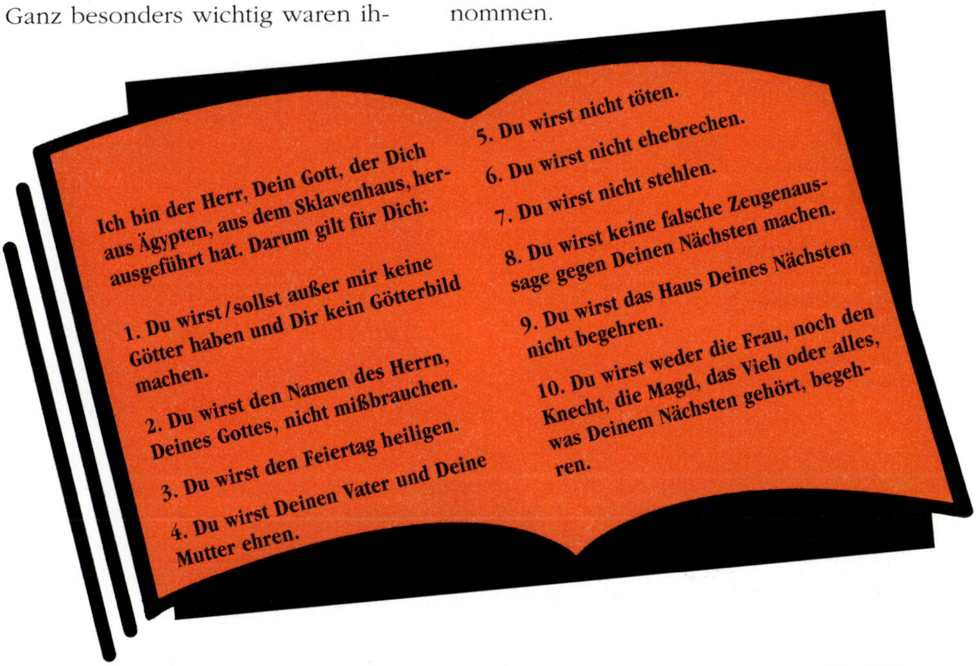

Bei einigen Geboten ist es dir vielleicht sofort klar, inwiefern sie die Schwachen schützen, bei anderen weniger. Du kannst einen Test machen, der dir hilft, die Gebote zu verstehen.

Du findest im folgenden fünf der Zehn Gebote in »moderner« Formulierung. Versuche, sie jeweils dem richtigen Gebot zuzuordnen!

a) Alte Menschen haben ein Recht darauf, daß die Jüngeren für sie sorgen.
b) Kein Mensch darf sich von anderen verehren lassen.
c) Auch arme Leute haben das Recht, vor Gericht einen Anwalt zu bekommen.
d) Die Familie verdient besonderen Schutz.
e) Auch arme Leute sollen nicht nur für ihre Arbeit leben.

Du wunderst dich, warum hier die Gebote mit »Du wirst« statt mit »Du sollst« anfangen? Achte einmal auf die Überschrift der Gebote; dann verstehst du vielleicht, warum das so ist.

Lerne die Gebote auswendig!

ARTIKEL 1
GRUNDGESETZ:

»DIE WÜRDE DES MENSCHEN IST UNANTASTBAR.«

Zu Anfang des Schuljahres wart ihr alle neu in eurer Klasse. Seid ihr inzwischen schon zu einer guten Klassengemeinschaft zusammengewachsen, oder braucht ihr noch etwas Zeit, um zueinanderzufinden?

Versucht einmal, »Zehn Gebote« zu formulieren, die euch helfen, zu einer Klasse zu werden, in der alle gut leben können! Ihr könnt die Gesetze in der Klasse aufhängen und sie im Laufe des Jahres immer einmal wieder mit der Wirklichkeit vergleichen.

Lassen sich diese Regeln auch auf eure Religionsgruppe übertragen, in der vielleicht mehrere Klassengruppen zusammengelegt sind?

Hast du gewußt, daß es so etwas wie »moderne 10 Gebote« eigens für die Kinder auf der ganzen Welt gibt? Du kannst mehr darüber im nächsten Kapitel auf S. 73 lesen.

**»Du wirst« ist wohl die korrektere Übersetzung aus der hebräischen Sprache, in der uns diese Sätze im Alten Testament überliefert sind. Vor allem aber wird so die Absicht der Gebote besser deutlich: sie sind nicht strenge Befehle von oben herab, sondern sie werden begründet!
»Weil ich dich aus Ägypten herausgeführt habe«, so sagt Gott in diesen Geboten, und das bedeutet, »weil du Unfreiheit kennengelernt hast und nun frei bist, wirst du doch nun nicht andere unterdrücken und bestehlen wollen!« Sonst wäre es ja wieder wie früher, nur umgekehrt!**

Auf den folgenden Seiten wirst du noch mehr über die Erinnerungen des Volkes Israel erfahren. Du wirst merken, daß die Zehn Gebote immer wieder nötig waren, um die Schwachen vor der Herrschaft einzelner Menschen zu bewahren.

(K)EINER SOLL HERRSCHEN!

RICHTER 9, 8-19

Israeliten, erzählt diese Geschichte weiter!

Einst wollten die Bäume einen König über sich salben. Sie schlugen dem Ölbaum vor: »Sei unser König!« Aber der Ölbaum entgegnete ihnen: »Ist es schon so weit gekommen? Habe ich denn mein Öl verloren, mit dem man Götter und Menschen ehrt? Habe ich es nötig, mich vor den Bäumen aufzuspielen?« Da baten die Bäume den Feigenbaum: »So komm und sei unser König!« Aber der Feigenbaum antwortete ihnen: »Ist es schon so weit gekommen? Habe ich etwa meine Süßigkeit verloren und meine köstliche Frucht? Habe ich es nötig, mich vor den Bäumen aufzuspielen?« Da flehten die Bäume den Weinstock an: »So komm du und sei unser König!« Aber der Weinstock wies sie ab: »Ist es denn schon so weit gekommen? Habe ich denn meinen Wein verloren, der Götter und Menschen fröhlich macht? Habe ich es nötig, mich vor den Bäumen aufzuspielen?« Da endlich bedrängten alle Bäume den Dornbusch: »Dann sei doch du unser König!« Und der Dornbusch sagte sofort: »Ja! Und wenn ihr es ernst meint, daß ihr mich zum König salben wollt, dann dürft ihr euch in meinem Schatten bergen! Aber wehe, wenn nicht! Dann wird ein Feuer vom Dornbusch ausgehen, das sogar die Zedern des Libanon verzehrt!«

Wer diese Geschichte verstanden hat, komme nach Sonnenuntergang zu unserer Versammlung am Stadttor!

Die Widerstandsbewegung »Israel in der Wüste«

Das klingt ja rätselhaft! Warum soviel Geheimniskrämerei um ein paar Bäume? Oder steckt etwas anderes dahinter?

Versuche diese Geschichte als Comic oder Karikatur zu zeichnen. Wer könnte sich darüber ärgern?

Wenn du die Hintergründe dieser Geschichte kennenlernen willst, lies das folgende Interview!

LIVE AUS ISRAEL: STREIT UM DEN KÖNIG!

Guten Abend, meine Damen und Herren, das Team vom internationalen Nachrichtenfunk begrüßt sie auch heute wieder recht herzlich zum »Zeitlos-Magazin« – heute live aus dem Krisengebiet Alt-Israel im 11. Jahrhundert vor Christus. Dort haben sich, wie wir hörten, Königsgegner zu einer Widerstandsgruppe formiert. Wir stehen vor einem Rätsel. Nach unseren Informationen hatte Israel doch noch nie einen König!? Seit ihrer Einwanderung ins kanaanäische Gebiet leben die einzelnen Stämme selbständig; nur bei schwerer Bedrohung von außen hört man von einzelnen Führern, die aber immer nur für kurze Zeit an der Macht sind. Zum Glück hat sich Winnie Worldwide, eine unserer tüchtigsten Reporterinnen, auf die weite Zeitreise gemacht – hören wir, was sie herausgefunden hat!

Winnie Worldwide: Einen schönen guten Abend! Ich befinde mich hier in einer kleinen Siedlung bei Bethlehem. Falls Sie mich nicht gut verstehen, liegt das an dem Lärm hier überall; es herrscht unbeschreibliche Aufregung. Auf dem Marktplatz, vor den Häusern, überall sieht man Leute gestikulieren und aufeinander einreden. Ich verstehe nur wenig, aber es kommt mir so vor, als ob ich aus dem Gewirr der Stimmen immer wieder das Wort »König« heraushöre. Fragen wir doch einfach die Betroffenen selbst, dieses junge Ehepaar zum Beispiel. Hätten sie vielleicht Zeit für ein kurzes Interview? Vielen Dank! Vielleicht stellen Sie sich unseren Hörerinnen und Hörern erst einmal kurz vor?

Simon: Ja – hm – also – ich heiße Simon, ich bin 25 Jahre alt, Bauer. Ich habe ein paar Tiere und ein kleines Grundstück. Ich kann mit meiner Familie gut leben. Und gerade deshalb bin ich unbedingt der Meinung, daß ein König...

Winnie: Entschuldigen Sie, Simon, wollen wir nicht eben noch Ihre Frau vorstellen?

Hanna: Ich bin Hanna, 20 Jahre alt, Ich habe drei Kinder; die Söhne sind drei und zwei Jahre alt, und hier auf meinem Arm, das ist Sara, die Jüngste. Ich führe den Haushalt und versorge außerdem meine kranken Schwiegereltern.

Winnie: Danke, Simon und Hanna. Und nun verraten Sie uns doch bitte: Was ist los in Israel?

Simon: Es ist ganz einfach: Israel braucht einen König, und das so schnell wie möglich! Gott hat uns dies schöne Land doch nicht geschenkt, damit wir elend darin umkommen! Von allen Seiten bedrohen uns Feinde; vom Meer aus greifen die Philister an. Sie haben viel modernere Waffen als wir! Wir können uns nur wehren, wenn wir auch ein starkes Heer haben und einen König, der das Kommando führt! Alle unsere Nachbarn haben das schließlich auch, denken Sie nur an die Ägypter!

Pharao als Sieger bei der Schlacht

Hanna: Darf ich auch etwas sagen?

Simon: Unsinn! Das ist Männersache! Was verstehst du davon?

Winnie: Nein, bitte, Hanna, unsere Hörerinnen und Hörer sind sehr gespannt auf Ihre Meinung!

Hanna: Ich habe gehört, daß sich die Könige in den anderen Ländern wie Götter fühlen, daß die Untertanen sich vor ihnen niederwerfen müssen!

Simon: Sei doch froh, wenn einmal Disziplin und Ruhe bei uns einkehren! Einer muß das Sagen habe, sonst funktioniert nichts!

Hanna: Ich finde es eigentlich ganz gut so, wie es jetzt ist. Wenn es ein Problem gibt, beraten sich die Stammesältesten miteinander. Das dauert vielleicht etwas länger, aber dafür können alle mitreden, manchmal sogar wir Frauen. Wenn Krieg war, hat Gott uns noch immer einen Anführer geschickt!

Winnie: Simon, nun einmal ganz ehrlich: Sie wünschen sich doch einen König nicht nur wegen der Kriegsgefahr?

Simon: Nicht nur. Es wäre einfach etwas anderes: so ein richtiger Staat mit einer Hauptstadt, mit einem prächtigen Königspalast; vielleicht bekämen wir sogar eine Bibliothek! Es würden Touristen aus dem Ausland kommen und die Schätze des Königs bewundern – Geld käme ins Land, der Handel würde blühen...

Winnie: Pracht, Reichtum, schöne Geschäfte – überzeugt Sie das nicht, Hanna?

Untertanen werfen sich vor dem König nieder

Ein wertvoller Armreif aus dem Schatz Tut-anch-Amuns

Darstellung aus ägyptischen Grabkammern:
oben: Männer beim Bau
unten: Mädchen am Königshof

Hanna: Natürlich würde mir das gefallen. Aber ich muß dann auch immer denken: Wer soll das alles bezahlen? Wahrscheinlich doch wir Bauern mit unseren Steuergeldern! Und wer würde die Paläste bauen? Womöglich meine Söhne! Ich möchte, daß sie Bauern werden wie wir und nicht für den König Steine schleppen! Außerdem sagt man, daß die ausländischen Königinnen jede Menge Sklavinnen brauchen. Meine kleine Sara soll später nicht die feinen Damen vom Hof schminken, frisieren und bedienen müssen! Simon, hast du denn aus Ägypten nichts gelernt?

Simon: Natürlich möchte ich auch nicht, daß unsere Kinder zu Sklaven werden, Hanna! Aber noch mehr Angst habe ich davor, daß sie den nächsten Krieg nicht überleben werden! Oder daß sie Gefangene der Philister werden! Ägypten, ja, das ist lange her...

Winnie: Sie stehen vor einer schweren Entscheidung, Simon und Hanna. Ich wünsche Ihnen, daß Sie eine gute Lösung finden! Ich verabschiede mich nun auch von Ihnen, liebe Hörerinnen und Hörer! Wenn Sie sich an der Diskussion über einen König in Israel beteiligen wollen, rufen Sie uns doch bitte an; unser Telefon ist im Anschluß an die Sendung noch den ganzen Abend lang besetzt.

Ruft doch beim Sender an und sagt eure Meinung! Zur Vorbereitung könnt ihr die Argumente von Hanna und Simon noch einmal zusammenfassen. Was meint Hanna, wenn sie sagt: »Hast du denn nichts aus Ägypten gelernt?«

Hast du auch schon einmal eine Situation erlebt, in der du dir gewünscht oder wo du es abgelehnt hast, daß jemand sich durchsetzt und die Führung übernimmt?

Im Schöpfungskapitel (s. S. 91) findest du noch einen Grund dafür, daß Menschen andere nicht unterdrücken und beherrschen sollen.

EIN KÖNIG – NICHT WIE DIE ANDEREN!

Wie ist nun der Streit zwischen Königsgegnern und -befürwortern ausgegangen? Zu gefährlich war die Bedrohung durch die Philister. Darum haben sich die Israeliten schließlich doch für einen König entschieden. Aber es sollte ein besonderer König sein, einer, der zu Israel und zu Gottes Geboten paßte:

Gesetze für einen König in Israel:

Du sollst nur den zum König über Dich einsetzen, den der Herr, Dein Gott, erwählen wird.

Du sollst nur einen Deiner Brüder zum König über Dich einsetzen.

Er soll sich nicht Silber und Gold aufhäufen.

Sein Herz soll sich nicht über seine Brüder erheben.

Er soll von dem Gesetz Gottes weder nach rechts noch nach links abweichen; dann wird er lange als König in Israel leben.

1. SAMUEL 16,1-13

5. MOSE 17, 14-20

In den Gesetzen findest du Hinweise darauf, daß Israel seine Erfahrungen in Ägypten nicht vergessen hat!

Haben nun die Königsgegner oder die Königsbefürworter deiner Meinung nach den Streit gewonnen? Was werden Hanna und Simon zu diesem Ergebnis sagen?

Die Bibel erzählt in 1. Sam. 16, 1–13, wie Samuel, der fromme und weise Richter und Prophet Israels, dem jungen David Öl über den Kopf gießt, d. h. ihn salbt. Das ist ein Zeichen dafür, daß Gott ihn zum König erwählt hat. David ist nun der Gesalbte Gottes (hebräisch Maschiach/Messias). Was könnte Samuel ihm zu diesem Anlaß gesagt haben?

Wie ist das bei uns? Welche Gesetze muß zum Beispiel eine Ministerpräsidentin oder ein Bundeskanzler einhalten? Wie würdet ihr entsprechende Regeln für eine/n Klassensprecher/in, eine/n Lehrer/in formulieren?

Marc Chagall: König David

Die ersten Könige Israels hießen:

SAUL (er regierte um 1005 vor Christi Geburt)

DAVID (er regierte ungefähr 1004 – 965 v.Chr.)

SALOMO (er regierte ungefähr 965 – 926 v.Chr.)

In der Erinnerung der Juden und auch der Christen ist von diesen dreien DAVID der wichtigste König (was nicht heißen soll, daß er ein König ohne Fehler war).

So erwarten die Juden den Messias, den Friedenskönig, der das Reich Gottes bringen wird, als einen Nachkommen Davids.

Jetzt kannst du verstehen, was es bedeutet, wenn die Weihnachtsgeschichte erzählt, daß Jesus in Bethlehem geboren ist, der Geburtsstadt Davids, und warum Jesus im Neuen Testament oft »Sohn Davids« genannt wird.

Roland Peter Litzenburger: »David sprang und tanzte mit Jauchzen«

Jüdische Kinder singen gern das folgende Lied:

David, melech Jisrael

Schaut euch die Bilder auf diesen beiden Seiten an!
Habt ihr aufgrund der Darstellungen schon Vermutungen über König David?

Ihr werdet im folgenden einiges über David erfahren. Urteilt selbst, ob er ein König war, wie Israel ihn sich wünschte!

Liebe Kathrin!

Stell Dir vor, ich hab's geschafft! Den Landessieg bei »Jugend musiziert«! Gestern war die Endausscheidung. Ich mußte ein schwieriges Stück von Bach spielen, eine Beethovensonate mit irrsinnig schnellen Läufen und dann noch ein modernes Stück von Bartók. Ich hab' die Nacht vorher kaum geschlafen. Beim Vorspiel selbst ging alles ganz schnell! Zuerst hatte ich noch ganz zittrige Finger; ich mußte immer zu den strengen Jurymitgliedern hinsehen; da habe ich mich auch einmal ziemlich verhaspelt. Aber beim Beethoven hatte ich plötzlich alles vergessen, dachte nur noch an die Musik. So schön hat der erste Satz noch nie geklungen! Und der Bartók war richtig fetzig! Dieser Applaus bei der Siegerehrung – das war vielleicht ein Gefühl! »Danke, lieber Gott, danke!«, hab' ich nur noch denken können. Aber in dem Moment sah ich die Daniela neben mir auf dem 2. Platz. Eigentlich war sie ja die Favoritin. Sie war ganz blaß; ihre Augen waren voller Tränen; sie muß wie wahnsinnig auf dieses Konzert geübt haben.

Da war es plötzlich aus mit meiner Freude. Was meinst Du, war das überhaupt richtig, daß ich »Danke, lieber Gott« gedacht habe? – Wenn es Gott war, der mir geholfen hat, hat er dann der Daniela nicht geholfen? Und warum mir und nicht ihr?

Zum Glück war ich gleich von Gratulanten umringt, sogar welche vom Fernsehen waren da, so daß ich keine Zeit mehr zum Grübeln hatte.

Bitte schreib' mir bald wieder. Weißt Du schon, ob Du in den Ferien kommen kannst?

Lisa

EIN NACHDENKLICHER BRIEF

Was würdest du an Kathrins Stelle antworten? Entwirf einen Brief!

Gott für einen Sieg zu danken, oder auch: Gott um einen Erfolg zu bitten (zum Beispiel vor einem Wettkampf oder vor einer Schulaufgabe) – findest du das sinnvoll? Vielleicht fallen dir eigene Erfahrungen dazu ein.

Versuche dich auch in Danielas Lage hineinzuversetzen. Welche Gedanken könnten ihr nach der Niederlage durch den Kopf gehen? Was könnten Freunde ihr sagen?

Mehr über das Thema »Sieger und Verlierer« kannst du auf S. 78 lesen.

WAS IST NUR LOS MIT SAUL?

Wie ein Märchen endet die Geschichte von David und Goliath: der junge Held hat den Riesen besiegt und die Hand der Königstochter gewonnen. Im Märchen würde er jetzt das Königreich erben – »...und wenn sie nicht gestorben sind, dann leben sie noch heute«. Doch in Wirklichkeit hatte David noch einen weiten Weg voller Umwege und Hindernisse vor sich, bis er endlich den Thron besteigen durfte. Er mußte fliehen, in Wäldern und Höhlen leben und sich eine Zeitlang sogar bei den Feinden, den Philistern, verdingen. Du kannst das alles in deiner Bibel nachlesen, z.B. in: 1. Sam. 18,1–16; 19,1–17; 20; 22,1–5; 24,1–23; 27.

Schuld daran war König Saul. Der hatte David zunächst mit offenen Armen aufgenommen, hatte sich an seinem Harfenspiel erfreut und lächelnd zugesehen, wie eng David und Prinz Jonathan sich anfreundeten. »Wie Zwillinge!« sag-

Emil Nolde: Saul und David

Schau dir Sauls Gesichtsausdruck auf dem Bild an. Was könnte er empfinden?

te man bei Hof! Doch mit der Zeit kam es immer häufiger vor, daß König Saul unvermittelt wütend wurde, tobte, brüllte oder auch tagelang schwieg, den Kopf tief gebeugt. Manchmal half Davids Harfenspiel, doch immer häufiger blieben die sanften Klänge ohne Wirkung – bis eines Tages das Furchtbare geschah: mitten im schönsten Gesang Davids nahm Saul seinen Speer und schleuderte ihn in blinder Wut auf den jungen Musikanten. David konnte nur knapp ausweichen. Von nun an schwieg seine Harfe. Was war nur los mit Saul?

Auch am Hof wurde über Saul geredet: »Was ist nur los mit ihm?« Es gab ganz unterschiedliche Meinungen:

Manche dachten wie Samuel. Diesen alten Mann verehrten alle, aber sie fürchteten ihn auch. Man sagte von ihm: »Er hört Gottes Stimme; aber er ist sehr streng mit den Menschen und hat kein Erbarmen mit ihren Fehlern.«

Samuels Urteil über Saul war unerbittlich:

■ Saul ist von Gott verworfen! Er hat sich sein Schicksal selber zuzuschreiben! Ja, damals war er ein anderer Mensch, als er mir vor Jahren, wie zufällig, zulief. Er dachte, er wäre auf der Suche nach einem verlorenen Esel. Aber ich wußte es besser; Gott hatte ihn mir geschickt, damit ich ihn zum König salbe! Gott hat ihn siegen lassen gegen die Philister, Gott hat ihm die Herzen des Volkes zugeführt! Doch dann wurde er wie alle anderen! Er führte Krieg – nicht mehr nur, um Israel zu verteidigen und seinen Brüdern und Schwestern das Leben zu retten. Er wollte Triumphe für sich selbst feiern, wollte sich selbst bereichern an Beute und Sklaven. Aber nun, da er ein König wie die anderen geworden ist, hat er auch Angst wie die anderen – Angst vor Konkurrenz, Angst vor dem Nachfolger! Als ob ihm das etwas hilft! Gott hat ja seinen Nachfolger schon längst erwählt: David! Saul ist verloren... ■

Andere Leute am Hof, besonders einige hohe Beamte, sagten:

■ Es ist ein Jammer um Saul. So ein tüchtiger, kluger Mann! Er hätte sich nicht so einschüchtern lassen sollen von Samuel und seiner Clique. Saul ist ja schließlich der König! Sie wollten ihm alles verbieten, sogar wenn er im Krieg ein wenig Beute gemacht hat. Wo gibt's ein Land, wo das der König nicht dürfte? Jetzt machen sie ihm ein schlechtes Gewissen, treiben ihn in die Krankheit. Aus dem Land verbannen sollte er Samuel und alle diese sogenannten Frommen! Auch dieser David ist nicht ungefährlich! Raffiniert, wie er den Prinzen auf seine Seite zieht! Er sollte sich nicht zuviel herausnehmen! ■

Jonathan, Sauls Sohn und Davids bester Freund, sprach oft mit David über seinen Vater:

■ Armer Vater! Er ist sehr, sehr krank. Es war alles zuviel für ihn: der erste König Israels war er, und allen sollte er es recht machen. Er sollte stark sein und doch anders als die anderen Könige. In seinem ganzen Leben hat er nie etwas anderes erlebt als immer nur Krieg und Anstrengung! Er ist neidisch auf dich, David, weil dir alles nur so zufliegt. Die Leute haben dir zugejubelt: ›Tausend hat Saul erschlagen, aber Zehntausend David!‹ Das tat ihm weh! Mein Vater spürt, daß er alt wird, daß seine Zeit vorbei ist. Darum ist er so schwermütig und düster geworden. Du bist der zukünftige König, David. Du wirst auch mich überleben, das spüre ich. Aber bitte, David, versuche, Saul zu verstehen! ■

David konnte Saul nicht hassen, auch wenn dieser ihm nach dem Leben trachtete. Selbst als David einmal auf der Flucht vor Saul diesen wehrlos überraschte, brachte er es nicht fertig, ihn zu töten (lies dazu 1. Sam. 24). Als Saul und Jonathan schließlich im Krieg gegen die Philister fielen, fühlte David keinen Triumph. Der Weg zum Königreich war frei, aber David war so traurig wie noch nie in seinem Leben. Noch einmal nahm er für Saul und für seinen geliebten Jonathan die Harfe in die Hand und sang ein Klagelied:

Besprecht die verschiedenen Aussagen über Saul! Wenn ihr noch mehr über die Hintergründe wissen wollt, lest in folgenden Kapiteln der Bibel: 1. Sam. 9; 10; 11; 12; 14; 15.

Ob David sich nun Vorwürfe wegen Saul machen muß? Was meint ihr dazu?

Ihr Berge zu Gilboa

es soll weder tauen noch regnen auf euch.
Im Streit sind die Helden gefallen,
die Edelsten Israels!
Nie hat Jonathans Bogen gefehlt,
nie ist Sauls Schwert
leer wiedergekommen.
Oh, Saul und Jonathan!
Schneller waren sie
als die Adler
und stärker als die Löwen.
Jonathan,
es ist mir leid um dich!
Jonathan, mein Bruder Jonathan,
ich habe dich liebgehabt
und große Freude an dir!

aus 2. Sam. 1,21–26
nach Max Bolliger

STADT DER ERINNERUNG – STADT DER HOFFNUNG

Karin hat ihr Abitur geschafft. Bevor sie ihr Studium beginnt, erfüllt sie sich einen Traum: Sie fährt mit Freunden nach Israel. Sie liest viele Bücher über dieses Land, und während der Reise sitzt sie täglich bis spät in die Nacht im Hotelzimmer und schreibt ihre Eindrücke auf. Später will sie noch Fotos in das Reisetagebuch kleben.

Lies, was Karin über ihren ersten Tag in Jerusalem geschrieben hat!

Verfolge ihren Spaziergang auf dem Stadtplan. Welche interessanten Sehenswürdigkeiten liegen noch auf ihrem Weg? Vielleicht kann dein Lehrer / deine Lehrerin dir über einige davon Auskunft geben.

Ein Gang durch Jerusalem steckt voller geschichtlicher Erinnerungen. Suche aus Karins Tagebuch solche Erinnerungen heraus und versuche, die geschichtlichen Ereignisse zeitlich zu ordnen.

Du erfährst dabei auch einiges über die Könige Israels. Wodurch fühlen sich die Königsgegner bestätigt, wodurch die, die sich einen König gewünscht haben (vgl. S. 18)?

Mein Reisetagebuch

Blick vom Ölberg auf die Jerusalemer Altstadt

14.9.
Beim Morgengrauen hat mich der Ruf des Muezzin geweckt. Vom Minarett aus rief er die gläubigen Moslems zum Gebet. Ich bin wirklich in Jerusalem!

Wir wohnen auf dem Ölberg, wo Jesus die letzten Tage seines Lebens verbracht hat. Herrlich der Blick auf die Altstadt! Wir sind schon früh losgegangen solange die Temperaturen noch erträglich waren. Zuerst ein Spaziergang durch die verwinkelten Gassen – fast hätten wir uns verlaufen. Die ganze Altstadt ist ein einziger großer Markt, auf dem es alles, aber auch alles gibt! Schade, daß ich die Stimmen der Händler und den schweren Duft orientalischer Gewürze nicht fotografieren kann! Durch diese Straßen soll auch der letzte Weg Jesu zum Kreuz geführt haben; ich kann mir das in diesem Trubel kaum vorstellen. Viele Kirchen befinden sich in diesem Stadtteil.
Der jüdische Teil der Altstadt ist neu aufgebaut aus warmem, gelb-braunem Wüstengestein. Kinder spielen auf der Straße; fromme Juden sind auf dem Weg zur Klagemauer.

Da sind wir als nächstes hingegangen. Dichtgedrängt stehen betende Juden

Fromme Juden beten an der Klagemauer

vor der Mauer, getrennt nach Männern und Frauen. Sie bringen hier ihre Sorgen und Anliegen vor Gott. Die dicken Steine sind das einzige, was vom alten Jerusalemer Tempel übriggeblieben ist – nicht von Salomos Tempel, von dem steht kein Stein mehr, sondern vom zweiten Tempel, den auch Jesus besucht hat. »70 n. Chr. von den Römern zerstört«, steht im Reiseführer.

Wir haben den ehemaligen Tempelbezirk betreten. Heute hat der Tempelberg einen arabischen Namen (Haram Esh Sharif) und ist eine Gebetsstätte der Moslems. Ich fand die Stimmung hier wunderbar ruhig und andächtig. Wir haben uns einer Führung angeschlossen, um alles besser verstehen zu können. Der prächtige Bau mit der Goldkuppel ist der »Felsendom«, ein moslemisches Heiligtum. Er steht über dem Felsen, wo Abraham den Isaak opfern sollte und wo Mohammed gen Himmel gefahren ist. Ob ich das glauben soll?
Ziemlich sicher ist jedenfalls, daß hier König Salomo den ersten Tempel hat erbauen lassen. Aus ganz Israel kamen sie seither nach Jerusalem, um zu beten. Diesen Tempel haben die Babylonier dem Erdboden gleich gemacht (587 v. Chr.). Die meisten Israeliten mußten damals nach Babylon in die Verbannung gehen, und erst nach ihrer Rückkehr wurde der Tempel wiederaufgebaut. Doch auch der zweite Tempel wurde zerstört – diesmal von den Römern. Von den paar Steinen, die noch stehen, habe ich ja schon geschrieben. Irgendwo auf diesem Platz soll auch der Königspalast gestanden sein: zuerst der bescheidene Palast Davids, dann die prächtigen Gebäude König Salomos, seines Sohnes, des »Märchenkönigs«. Architekten aus Phönizien haben sie entworfen; der phönizische König

Der »Felsendom«

lieferte Salomo kostbarstes Zedernholz, edle Steine und Gold. 13 Jahre lang arbeiteten die Bauleute, darunter viele ausländische Sklaven, an dem Palast. Besonders kostbar ausgestattet war das Haus für die Tochter des ägyptischen Pharaos, eine der 700 Frauen Salomos. Unter Salomo war das Reich Israel so groß wie nie zuvor: Wissenschaft und Handel blühten. Nächste Woche werden wir ja das Rote Meer sehen, wo Salomo seine Handelsschiffe auslaufen ließ.

Am Nachmittag haben wir dann nasse Füße gekriegt – gar nicht unangenehm bei dieser Hitze! Wir waren bei der Gihonquelle. Um diese Quelle rankt sich eine sehr abenteuerliche Geschichte:
Als David König geworden war, wollte er unbedingt Jerusalem zu seiner Hauptstadt machen. Aber diese blühende Stadt gehörte schon dem Volk der Jebusiter, und sie lag so sicher auf dem Berg, daß das Sprichwort umging: »Blinde und Lahme können sie verteidigen«. Doch David erfuhr, daß es da eine geheime Wasserleitung gab... Großartig, daß Archäologen das alles wieder ausgraben konnten! Hiskia, ein späterer israelitischer König, hat an dieser Stelle eine sehr viel größere Wasserleitung bauen lassen; in dem Tunnel sind wir spazierengegangen. Darum die nassen Füße!
Abends haben wir einen schönen Kanon gesungen; Martin hatte seine Gitarre dabei. In dem Lied bitten wir um Frieden; wir haben es abwechselnd auf lateinisch (»Dona nobis pacem«) und hebräisch (»Shalom al Jisrael«) gesun-

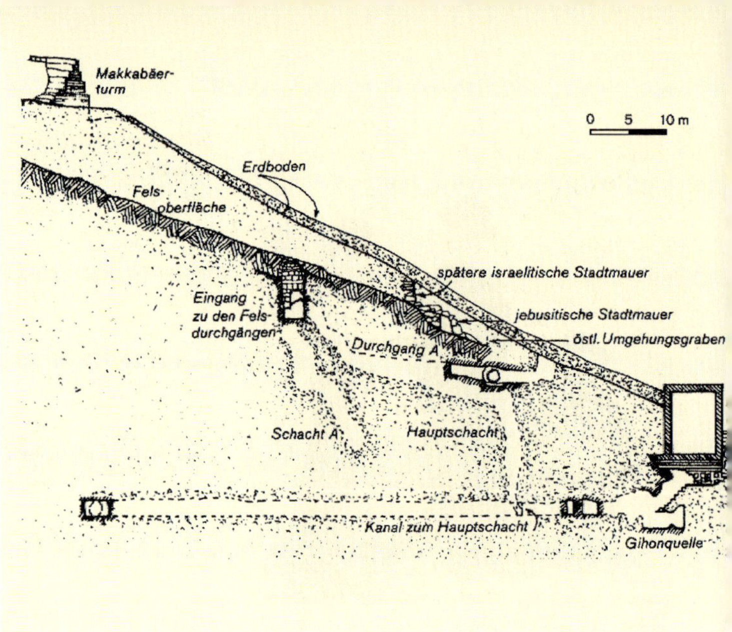

So hat nach der Meinung von Archäologen die alte Wasserleitung ausgesehen.

Original: Dona nobis pacem (Nr. 435 im neuen Evangelischen Gesangbuch)

gen. Wenn nur bald wirklich Friede wäre zwischen Juden und Arabern, Friede zwischen den drei großen Religionen!

(Drei Wochen später fährt Karin wieder nach Hause. Aus ihren Reisenotizen ist ein dickes Buch geworden. Sorgfältig klebt sie ihre schönsten Fotos dazu. Die Gedanken an Israel lassen sie nicht los, und so fügt sie ihrem Reisetagebuch noch eine Seite hinzu:)

13.10.

Nun bin ich schon über eine Woche wieder zu Hause. Natürlich hat es die ganze Zeit geregnet! Ich vermisse die Sonne Israels! Immer noch klingt mir die Melodie des Kanons im Ohr, den wir abends so oft gesungen haben:

Am Sonntag habe ich das Altarbild in unserer Kirche mit neuen Augen gesehen. Es zeigt das Himmlische Jerusalem – und wirklich, ich erkenne sie wieder, die Häuser der Altstadt. Aber sie sind eingetaucht in ein wunderbares, unwirkliches Licht. Es ist das Neue Jerusalem, Gottes Stadt, die am Ende der Bibel beschrieben wird – eine Stadt des Friedens: »Und Gott wird bei den Menschen wohnen, ... und Gott wird abwischen alle Tränen von ihren Augen, und der Tod wird nicht mehr sein, noch Leid noch Geschrei noch Schmerz wird mehr sein, denn das Alte ist vergangen« (Offenbarung 21,3–4).
Wenn ich genau hinschaue, sehe ich, daß das Licht von dem großen Kreuz im Vordergrund des Altarbildes ausgeht. Ich möchte gern begreifen, was das bedeutet.

St. Matthäuskirche, München

WER TRITT FÜR GOTTES RECHT EIN?

STEFAN WIL

Stefans Mutter schreibt in ihr Tagebuch:

Ich bin ganz ratlos. Es gab eine schlimme Szene mit Stefan. Beim Abendessen beteten wir wie immer: »Alle guten Gaben...« – da brach es plötzlich aus Stefan heraus: »Das ist doch alles gelogen! ›Lieber Gott‹ und ›gute Gaben‹! Wenn wirklich alles von Gott kommt, dann ist er böse! Ich will überhaupt nicht mehr beten!«

Stefan war ganz blaß, und es dauerte lange, bis ich etwas aus ihm herausbekam. Er war nachmittags bei seinem Freund Tim gewesen. Dessen Vater ist seit einiger Zeit arbeitslos – seine Firma »mußte Personal abbauen«, und mit knapp fünfzig ist er nun nirgends mehr vermittelbar. Der Mann zerbricht daran. Er sitzt nur noch trübsinnig vor dem Fernseher und trinkt ein Bier nach dem anderen. Heute mußte Stefan miterleben, wie Tim und seine Mutter vom Vater beschimpft und bedroht wurden...– »Es ist so ungerecht«, wiederholte Stefan immer wieder, »und man kann gar nichts machen!« Ich konnte Stefan nur in die Arme nehmen, eine Antwort wußte ich nicht. Sogar Lisa, die immer alles besser weiß, war still.

NICHT MEHR BETEN

Hast du auch schon einmal etwas ganz schlimm und ungerecht gefunden? Wie war dein Gefühl dabei?

Stefan ist nicht nur auf Menschen, sondern auch auf Gott wütend. Vielleicht magst du Stefan helfen, seine Gefühle in Worte zu fassen.
Du könntest für ihn einen Brief schreiben: »Lieber Gott, ich muß dir heute einmal etwas sagen...«. Du darfst in diesen Brief auch hineinschreiben, was dich bewegt und zornig macht.

Sicher werden Lisa und ihre Mutter später noch einmal mit Stefan reden. Wie könnte ein solches Gespräch verlaufen?

NATHAN FORDERT DEN KÖNIG HERAUS

Aus einem Nebengemach des Palastes tönte leises Babygeschrei. David lächelte zufrieden: Sein Sohn! Und die schöne Batseba war endlich seine Frau! Die Trauerzeit war ihm lang geworden. Aber Batseba hatte gemeint, man müßte sie einhalten – der Leute wegen. Bei der Hochzeit hatten sie ihm zugejubelt: »Es lebe der König! Er nimmt sich der Witwen und Waisen an!« Ob einige vielleicht doch die Wahrheit ahnten? Nun, sie würden schon den Mund halten! Ganz sauber war es ja nicht gewesen, wie er Batseba für sich gewonnen hatte. Warum machten es die Israeliten ihrem König auch so schwer! Sein Kammerdiener, ein sehr tüchtiger und gebildeter Ägypter, hatte gesagt, in seiner Heimat könnten die Könige einfach bestimmen, wen sie zur Frau haben wollten. Beneidenswert! David wäre ja am liebsten schnell einmal zu Batseba und dem Kind hinübergegangen. Aber er mußte noch ein wenig in seinem Empfangszimmer bleiben, denn er hatte gerade Sprechstunde. Vielleicht würde jemand kommen und ihm einen Rechtsfall vortragen. Denn David war ja als König der oberste Richter in Israel.

Und da klopfte auch schon sein Sekretär an und meldete Nathan. David freute sich, denn er schätzte Nathan, einen gewissenhaften, klugen Mann mit allerdings oft sehr altmodischen Ansichten. David war gespannt, was er vorzubringen hätte. Nathan begrüßte seinen König höflich und begann: »Mein König, ich habe dir einen Fall vorzutragen. Es geht nicht um Menschenleben oder viel Geld, aber es ist einem Bürger großes Unrecht geschehen, und ich weiß: Du wirst gerecht richten. In unserer Stadt leben nämlich zwei Männer.

2. SAMUEL 12

Der eine ist reich, der andere sehr arm. Der Reiche besitzt jede Menge Schafe und Rinder, der Arme nur ein einziges Schäfchen, das er so gern hat, daß er es mit seinen Kindern großgezogen hat. Es war bei allen Mahlzeiten mit dabei, und es war für ihn fast so etwas wie ein Kind. Als aber neulich der Reiche Besuch bekam, da tat es ihm leid, dafür eines seiner Schafe oder Rinder zu opfern. Darum nahm er dem armen Mann das Lamm weg und setzte es seinem Gast vor.«

Nathan konnte kaum ausreden, denn David, der vor Zorn einen ganz roten Kopf bekommen hatte, sprang auf und brüllte so laut, daß man es im ganzen Palast hören konnte: »Das ist unerhört! Dieser Mann hat den Tod verdient! Und das Schaf soll er vierfach ersetzen!« In diesem Augenblick traf David der Blick Nathans, der seinen König sehr ernst und traurig ansah. David erschrak fürchterlich...

David hatte schon längst alles durchschaut, als Nathan noch einmal das Wort ergriff: »Du bist der Mann, David! Denn so spricht der Herr, der Gott Israels: Ich habe dich zum König gesalbt über Israel und dich aus den Händen Sauls errettet. Warum hast du mein Gebot mißachtet und Verbrechen begangen? Du hast Uria erschlagen und ihm die Frau weggenommen. Darum wird in deiner eigenen Familie Aufruhr gegen dich entstehen, und du wirst sterben.« Jedes Wort traf wie ein Peitschenhieb; alles fiel David wieder ein: wie er, ein junger Hirte, die Philister geschlagen hatte, wie er damals Gott gedankt hatte; die traurige Gestalt Sauls fiel ihm ein und wie er, David, sich damals vorgenommen hatte, ein König zu sein, der die Gesetze Israels hält. David schämte sich und sagte: »Ich habe gesündigt gegen den Herrn!« Da antwortete ihm Nathan: »So hat auch der Herr dir deine Sünde vergeben, du wirst nicht sterben. Doch weil du durch dein Verbrechen den Herrn verspottet hast, muß der Sohn, der dir geboren ist, sterben.«

Da hat es nun doch eine Gerichtsverhandlung gegen David gegeben, wenn auch keine ganz gewöhnliche. Wer ist hier der Richter, der Kläger, der Angeklagte?

»Nathan ist ganz schön naiv« sagten die einen. »Was dem hätte passieren können!« »Ein mutiger Mensch«, sagten die anderen, »wenn es nur mehr solche gäbe!« – Wie beurteilst du Nathans Verhalten? Und wie erklärst du dir Davids Reaktion?
Jetzt verstehst du sicher, was das Bild auf S. 23 über David sagen will.

■ Menschen wie Nathan heißen in der Bibel Propheten.
– Der Prophet spricht im Namen Gottes (Oft beginnt er seine Rede mit »So spricht der Herr«. Mit diesen Worten haben damals Boten eine Nachricht ihres Herrn überbracht).
– Der Prophet vertritt das Recht Gottes wie ein Anwalt. Er erinnert an die Zehn Gebote.
– Der Prophet sagt den Menschen die Folgen voraus, die begangenes Unrecht haben wird (er ist also nicht einfach ein Wahrsager!). In Zeiten großer Not haben Propheten auch getröstet und Rettung angesagt. ■

GOTT BRAUCHT MENSCHEN, DIE SICH TRAUEN

Ist jetzt wieder alles gut? Gewiß nicht! Uria wird nicht wieder lebendig. Ein Kind mußte sterben. Es bleibt eine traurige, eine verzweifelte Geschichte. Und doch ist da einer, der sich zum Anwalt für Gottes Recht, für das Recht der Schwachen macht: Nathan, der Prophet. Er ist ein Mensch wie alle anderen, nicht klüger, nicht einflußreicher. Es könnte schlecht für ihn ausgehen. Aber er weiß, daß Gott jetzt keine andere Stimme hat und keine anderen Hände als seine. Und er wird – für diesmal – gehört. Wie oft müssen wir diese Erfahrung machen: Wo Unrecht geschieht, warten wir vergeblich darauf, daß Gott von oben, mit Blitz und Donner eingreift. (Sollte er das wirklich tun?) Vielleicht ist es ja so, daß Gott darauf wartet, daß wir uns etwas einfallen lassen? Daß wir uns trauen, uns für das einsetzen, was wir für richtig und gerecht halten?

Trau dich!

Melodie: Birgit Heymann, Text: Volker Ludwig, Rechte: Ellermann-Verlag, München

2 Trau dich! Trau dich!
Auch wenn du erst fünfe bist!
Trau dich! Trau dich!
Auch Große machen Mist.
Glaub nicht alles, was du hörst,
wenn du sie mit Fragen störst.
Trau dich! Trau dich!
Bis du was erfährst.

3 Trau dich! Trau dich!
Andern geht's genauso schlecht.
Trau dich! Trau dich!
Kämpft um euer Recht!
Tretet füreinander ein,
dann könnt ihr bald viele sein.
Trau dich! Trau dich!
Du bist nicht allein.

Nach dem Zweiten Weltkrieg ging ein Mann durch seine zerstörte Heimatstadt. In den Ruinen der Kirche fand er die Figur des gekreuzigten Christus. Arme und Beine waren abgeschlagen. Jemand hatte einen Zettel daran geheftet; darauf hatte er ein sehr altes Gedicht geschrieben, das von einer Nonne überliefert ist. Es beginnt folgendermaßen:

**Christus hat keine Hände,
nur unsere Hände,
um seine Arbeit heute zu tun.
Er hat keine Füße, nur unsere Füße,
um Menschen auf seinen Weg zu führen.
Christus hat keine Lippen,
nur unsere Lippen,
um Menschen von ihm zu erzählen.
Er hat keine Hilfe,
nur unsere Hilfe,
um Menschen an seine Seite zu bringen.**

Male, was man mit Händen und Füßen alles tun und erfahren kann!

»Christus hat keine Lippen, nur unsere Lippen«. Denkt euch eine Szene aus, die zu diesem Satz paßt.

Wenn ihr Lust und Zeit dazu habt, könnt ihr auch ein Spiel probieren; man kann dabei nachempfinden, wie es ist, wenn Hände sich gegenseitig helfen und einander stützen.

Ihr braucht: für jede/n einen Schuhkarton, bunte Stifte. Jeder Schüler/jede Schülerin malt ein Gesicht eines ihm/ihr bekannten Menschen auf eine Kartonseite. Reicht eure Kartons im Kreis herum und schaut sie alle an! Jetzt werden alle Kartons in einem großen Kreis auf den Boden gestellt; die aufgemalten Gesichter schauen zur Kreismitte. Die Abstände zwischen den Kartons sollen dabei nicht zu klein sein, denn jetzt tritt in jede Kartonlücke ein/e Mitschüler/in. Ohne mit den Fingern zu greifen, nur mit glatter, an die Kartons gedrückter Handfläche, hebt ihr alle Kartons gleichzeitig hoch. Geschicklichkeit und Zusammenspiel mit dem Partner zur rechten und linken Hand sind dabei wichtig. Gewiß fallen einige Gesichterkartons herunter, weil das Tragen erst geübt werden muß. Mehrmals versucht man dann, die gestützten Gesichter etwas in die Höhe zu heben und wieder sinken zu lassen. Dann fängt der Kreis der Mitspieler/innen an, sich zu drehen.
Sprecht über eure Erfahrungen und Gedanken bei diesem Spiel. Gott kommt doch bei diesem Spiel gar nicht vor – oder vielleicht doch?

In der Geschichte von Sascha und Elisabeth (S. 58) kannst du lesen, wie zwei Menschen, die ganz am Ende sind, sich gegenseitig Mut machen und sich aneinander aufrichten.

Ein Gebet

Neulich, als der Ball so weit flog
und das Glas splitterte
im Fenster des Hausmeisters;
als der dann tobte und fluchte,
daß die Nachbarn ihre Köpfe her-
ausstreckten
da bin ich hingegangen und hab ge-
sagt:
Ich war's!
Mutter hat später gemeint:
Das fand ich mutig von dir!

Aber heute,
als der Jan und die anderen
der Aische das Kopftuch runterris-
sen
und in die Pfütze warfen
und mit den Füßen drauftrampel-
ten,
da bin ich nur dagestanden
ohne ein Wort.
Die sind doch in meiner Fußball-
mannschaft.
Mutter hab ich davon noch nichts
gesagt.

Lieber Gott, warum erzähl ich dir
das alles?
Du hast es ja sowieso gesehen.
Aber eins würde ich gern von dir
wissen:
Bin ich jetzt eher ein Held
oder ein Angsthase?
Warum bin ich mal so und mal so?
Und stimmt es, daß Du zu mir
hältst,
auch wenn ich feige bin?
Und was meinst Du:
ob ich beim nächsten Mal
den Mund aufmachen werde?

KAPITEL 2....

Ich und die anderen – miteinander leben, zu sich selbst finden

ERWARTUNGEN, ERWARTUNGEN

Pech für Stefan

»Ich geh' da nie wieder hin!« Stefan wirft wutentbrannt die Schultasche in die Ecke. Seine Schwester Lisa schaut ihn erschrocken an: »Was ist denn passiert?« fragt sie. »Gab's Ärger beim Fußball?« Stefan schweigt erst. Dann bricht es aus ihm hervor: »Immer wählen sie mich ganz am Schluß. Immer bin ich der Letzte, der aufgerufen wird. Und dann tun sie alle so, als wäre es eine Gnade, daß ich überhaupt mitspielen darf.«

»Aber du warst doch früher ganz gut.« Lisa schüttelt den Kopf. »Früher«, schreit Stefan erregt. »Ja, früher schon. Aber dann passierte diese blöde Geschichte. Ausgerechnet vor den vielen Zuschauern beim Klassenwettbewerb! Prallte doch der Ball an meinem Fuß ab und landete im eigenen Tor! Und das in der letzten Minute! Wir haben das ganze Spiel verloren – durch mich! Jetzt halten sie mich alle für einen Versager – und lassen mich das auch spüren. Immer wählen sie mich als letzten. Und dann die Kommentare dazu. Georg sagte heute: ›Na, wenn es sein muß, dann komm' halt zu uns, du mit deinen beiden linken Füßen!‹ Überhaupt dieser Georg. Er ist erst seit diesem Schuljahr in unserer Klasse und spielt sich dauernd auf. Er macht sich wichtig und hetzt jetzt gegen mich – und die anderen, stell' dir vor, die machen einfach mit. Im Spiel rief Thomas plötzlich: ›Paß auf, wenn du schießt, das Runde da, das ist nämlich der Ball!‹ Wie sie alle johlten und lachten, als ich den Ball dann tatsächlich nicht traf. Es war furchtbar! Und nun beginnen sie auch schon in der Klasse zu lachen und zu johlen, wenn ich aufgerufen werde!« Lisa macht einen schnellen Schritt auf Stefan zu. Aber der hebt abwehrend den Arm. »Ich geh' da nie wieder hin,« sagt er, »nie mehr!«

Sprecht über Stefans Erlebnis! Überlegt, wie es soweit kommen konnte!

Weshalb beginnen seine Mitschüler auch schon im Unterricht zu lachen und zu johlen, wenn Stefan aufgerufen wird?

Was könnte Stefan tun, um sich aus seiner Lage zu befreien?

Gibt es für Stefans Mitschüler Gründe, ihm zu helfen? Was könnten sie tun?

Einige Tage später passierte es doch tatsächlich, daß...
Erfindet eine überraschende Begebenheit, die Stefans Situation verändern könnte!

Jemand ist abgestempelt... Überlegt, ob ihr schon ähnliches erlebt habt in eurer Klasse, in eurer Nachbarschaft, unter euren Freundinnen und Freunden!

Vielleicht möchtet ihr einen Stempel malen oder basteln, mit dessen Hilfe ihr euch gegenseitig erinnern könnt, wenn ihr in der Gefahr seid, jemanden abzustempeln.

Wer abgestempelt wird, ist doch selber schuld!

ARMER
STEFAN

Brücken bauen

Text: Hans-Jürgen Netz; Melodie: Reinhard Horn: Textrechte liegen beim Autor, Musikrechte bei Kontakte Musikverlag, Lippstadt

Dichtet selbst Strophen zu diesem Lied hinzu.

WANN GEHÖRT MAN DAZU?

Schülerinnen und Schüler antworten auf die Frage: Was wird von dir erwartet, damit du bei euch dazugehörst?

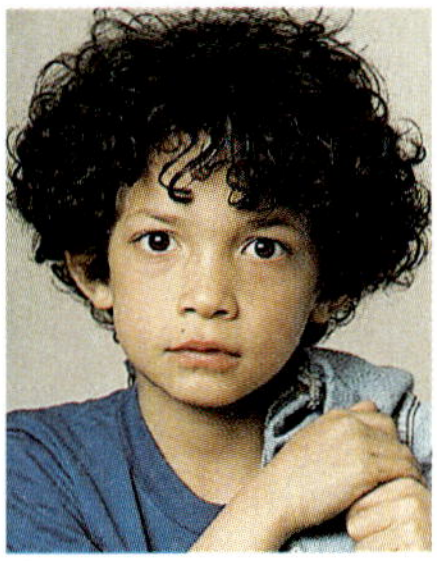

Rainer (10 Jahre): »Bei uns ist es wichtig, daß du in der Schule nicht schlecht bist. Dann sagen die anderen: Ja, wir haben eine Eins oder Zwei, du nur eine Drei oder Vier. Das ist blöd dann. Da fühlt man sich ganz schlecht. Ja, dann geben die anderen an, die besser sind... Dann lachen sie einen aus. Das machen alle...«

Sophie (12 Jahre): »In unserer Clique tragen wir nur bestimmte Markenklamotten. Irgendeine Jeans aus dem Kaufhaus, womöglich noch eine besonders billige – undenkbar! Mit denen, die solche Sachen tragen, sprechen wir doch gar nicht. Ich finde das eigentlich nicht ganz richtig, aber es ist so. Und dann macht man halt auch mit...«

Michael (13 Jahre): »Ganz wichtig ist, daß du nach den großen Ferien was zu berichten hast: Eine weite Reise, möglichst mit dem Flieger um die halbe Welt, ein irres Reiseziel, besonders spannende Erlebnisse, Dinge, wo die Post abgeht. Da staunen sie dann. Denn wir haben nur ein Thema: Was hast du gemacht? Hat man da nur zu Hause gehockt, gilt man als uninteressanter Langweiler– und schon ist man draußen...«

Marion (12 Jahre): »Irgendwie ist es wichtig, daß man beim Sport gewinnt! Ehrgeiz ist auch viel drin... Ich weiß nicht, ich kann das nicht haben, daß man verliert. Beim Schulsport, da kann ich nicht verlieren, ich weiß auch nicht, woher das kommt. Ich habe das Gefühl, daß die anderen mich dann nicht mehr akzeptieren.«

Was muß man in deiner Klasse oder bei deinen Freunden tun oder haben, um dabei zu sein und dazuzugehören?

Was erwartest du von dir selbst? Wie möchtest du sein? Vielleicht findest du ein Bild, das deine Antwort besonders gut ausdrückt.

Hast du dich auch schon einmal angespornt gefühlt, als jemand etwas von dir erwartet hat, was du dir selbst nicht zugetraut hättest?

Was war in den ersten Wochen im Gymnasium für dich neu und erst einmal schwierig? Was hat dir geholfen, die Probleme zu meistern?

Versuche doch einmal, zeichnerisch darzustellen, wieviele unterschiedliche Erwartungen an dich gerichtet werden.

Täglich werden die verschiedensten Erwartungen und Ansprüche an uns gerichtet. Manche können uns beflügeln, andere machen uns das Leben eher schwer, weil sie zu hoch gesteckt oder weil sie uns völlig fremd sind.

LISA IST RATLOS

»Stell dir vor«, sagt Lisa, und setzt sich zum Vater auf die Couch, »was heute im Eisstadion passiert ist: Das Mädchen, das ich schon lange bewundere, weil es so leicht, fast schwerelos die tollsten Figuren dreht, das saß heute abseits auf einer Bank und starrte vor sich hin. Die Mutter stand neben ihr und redete auf sie ein. ›Jetzt komm schon, du mußt den letzten Teil deiner Kür unbedingt noch einmal üben. Du mußt besser werden.‹ Das Mädchen blieb mit hochrotem Kopf sitzen. Es rührte sich nicht. Die Mutter wiederholte ihre Forderung. Sie wurde laut, packte das Mädchen bei den Schultern und schüttelte es. Da fing das Mädchen an zu weinen. Es wurde ganz still im Stadion. Nach einer Weile nahm die Mutter das Mädchen in den Arm und sagte: ›Aber Liebes, was die anderen können, kannst du doch schon lange.‹ Da schluchzte das Mädchen laut auf und weinte noch heftiger als vorher. Ich frage mich, was hatte sie bloß? Warum weinte sie nur so?«

Was geht wohl in dem Mädchen vor?

Weshalb reagiert sie so heftig, obwohl ihre Mutter doch eigentlich nur das Beste für sie will?

Denke einmal darüber nach, welche Erwartungen in dich gesetzt werden:
zuhause von deiner Mutter, deinem Vater, deinen Geschwistern,
in der Schule von deinen Lehrern und deinen Mitschülern,
im Sport von deinem Trainer...

Hast du dir schon einmal Gedanken darüber gemacht, wie du dich selbst einschätzt? Wenn du dem nachspüren willst, dann befasse dich möglichst intensiv mit den folgenden zwei Seiten.

»TYPISCH MÄDCHEN – TYPISCH JUNGE! »

Was hat die Zeichnerin wohl alles beobachtet? Welche Absicht verfolgt sie mit dieser Karikatur?

Sammelt und diskutiert Aussprüche, in denen Vorurteile über das typische Verhalten von Mädchen und Jungen zum Ausdruck kommen.

Schaut euch einmal Zeitschriften an, die von Jugendlichen gerne gelesen werden. Welchen gutgemeinten und welchen falschen Erwartungen sind Jugendliche in eurem Alter ausgesetzt? Versucht euch darüber klar zu werden, indem ihr aus Teilen von Illustrierten und Anzeigen Collagen erstellt.

WER BIN ICH?

Denke über dich selbst ein wenig nach...

Gestalte selbst eine Seite in deinem Heft und klebe, wenn du möchtest, ein Bild von dir dazu.

Alles, was ich gut kann:
- *Kopfstand*
- *mit meiner kleinen Schwester spielen*
-
-

Alles, was ich an mir mag:
- *meine blauen Augen*
-
-
-

Alles, was ich nicht so gut kann:
- *jonglieren*
-
-

Alles, was ich nicht so an mir mag:
-
-
-

Versuche besonders, viele deiner Stärken aufzuzählen – und erinnere dich erst dann an deine schwächeren Seiten! Vergiß nichts von dem, was du gut kannst und gern magst. Vielleicht kann deine Banknachbarin oder dein Freund dir helfen und die Aufzählung deiner starken Seiten ergänzen oder vervollständigen. Vielleicht unterstreichst du, wofür du besonders gelobt wirst.

So wäre ich einmal gerne:

-
-
-
-

Auf keinen Fall möchte ich so werden:

-
-
-

Ein Tagebucheintrag: Das war ein scheußlicher Tag heute. Ich mußte am Nachmittag Großma im Krankenhaus besuchen. Mutter wollte das. Eigentlich tue ich das auch ganz gerne. Großma hat irgendeine Krankheit, wo sie ständig liegen muß, und so freut sie sich sehr über jeden Besuch. Aber heute – alle durften zum Baden gehen, Heidi, Thomas, Sophia und die anderen, auch Stefan durfte mit. Nur ich mußte Großma besuchen. Ich war enttäuscht und lustlos – ich geb's ja zu. Und ich habe Großma das spüren lassen. Ich gab nur widerwillig Antwort auf ihre Fragen, widersprach, wo ich nur konnte und behauptete völlig unsinnige Dinge. Ich lachte übertrieben laut, wo es überhaupt nicht angebracht war. Natürlich hat Großma das gemerkt. Sie schaute mich aus ihrem Bett mit einem Mal lange und eindringlich an. In ihrem Blick lag etwas von Trauer und Schmerz – oder war es Enttäuschung? Dann sagte sie: »Zu meiner Zeit waren Mädchen deines Alters nicht so. Sie waren nicht mehr so kindisch, sie waren viel vernünftiger, und sie waren netter - auch zu ihrer Großmutter!« Und nach einer kurzen Pause: »So wie du dich jetzt aufführst, mag ich dich überhaupt nicht. Da kann ich auf deinen Besuch verzichten.«

Das hat mich sehr getroffen. So kannte ich unsere Großma gar nicht. Und nun,

LISA ZWEIFEL

wie ich hier sitze und in Dich, mein liebes Tagebuch, schreibe, kann ich selbst nicht mehr begreifen, warum ich mich so aufgeführt habe. Ich verstehe mich nicht mehr und habe das Gefühl, nichtsnutzig und irgendwie nichts mehr wert zu sein. Und doch frage ich mich: Gilt man denn nur dann etwas, wenn man immer das brave Mädchen spielt und niemals aus der Reihe tanzt? Ist es vielleicht besser, wenn ich mich verstelle, Theater spiele, meine Wünsche verstecke und keine eigene Meinung habe? Bin ich denn nur dann etwas wert in den Augen der anderen – und auch in meinen? Manchmal weiß ich selbst nicht, was ich von mir denken soll...

MARKUS 10,13-16

Was würdest du auf Lisas Fragen antworten? Vielleicht kennst du ähnliche Gedanken und Gefühle und möchtest ihr einen Brief schreiben?

Wie könnten sich bei einem nachdenklichen Gespräch Mutter, Vater und Stefan dazu äußern?

Die Bibel erzählt eine Geschichte von Jesus, die zu Lisas Fragen paßt:
Bedenke beim Lesen, daß Kinder früher in der Öffentlichkeit noch viel weniger galten als heute. Ihr Lebenskreis, in dem sie Beachtung fanden, war fast ausschließlich die Familie.

Überlege, welche Bedeutung diese Erzählung von Jesus für Lisas Zweifel haben könnte.

AN SICH SELBST

Emil Nolde: Christus und die Kinder

Was könnte Jesus meinen, wenn er sagt: »Wer das Reich Gottes nicht empfängt wie ein Kind, der wird nicht hineinkommen«?

Um die Bibelstelle noch besser zu verstehen, betrachtet das Bild von Emil Nolde:

Schaut euch das Bild genau an:
- *die Kinder, ihre Gesichter, ihre Arme und Hände, ihre Kleider;*
- *die Männer, ihre Mienen, die Farbe ihrer Gewänder;*
- *Jesus, seine Körperhaltung, seinen Mantel. Vergleicht ihn mit den anderen Erwachsenen.*

Vielleicht wollt ihr miteinander das Bild nachspielen oder als Pantomime nachstellen.

Interviewt die an diesem Geschehen beteiligten Personen: die Kinder, Jesus, seine Jünger.

■ **Von Jesus erfahren wir:**

Der Mensch – ein Abbild Gottes – lies nach in Kap. 3 über die Schöpfung, S. 91.

Wo wird erkennbar, daß wir für Gott unendlich wertvoll sind? Lies doch dazu S. 179.

Wenn du mehr über das Reich Gottes wissen möchtest, blättere vor zu Kapitel 4!

Wir alle sind von Gott geliebt, ganz einfach so, wie wir sind. Ob wir den eigenen Erwartungen gerecht werden oder den Ansprüchen, die von anderen an uns gerichtet werden, spielt dafür keine Rolle.

Der Schöpfungsbericht meint dasselbe, wenn er sagt: Jeder Mensch ist ein Abbild Gottes. Das heißt: Gott begegnet mir in jedem Menschen, egal, was er tut oder kann, wie er aussieht, ob er schwarz ist oder gelb, ob arm oder reich. Darin ist die Würde und Einmaligkeit jedes einzelnen Menschen begründet.

Ein Geburtstagsspruch drückt diesen Gedanken folgendermaßen aus: »Es ist schön, daß du geboren bist, wir hätten dich sonst sehr vermißt...« ■

Schreibe den Geburtstagsspruch über die »Wer bin ich?«-Seite in deinem Heft.

Sieh dir die Aufzählung deiner stärkeren und schwächeren Seiten jetzt noch einmal an und überlege, ob nicht all deine Eigenschaften nun in einem neuen Licht erscheinen.

Rosen auch riechen. Sie rochen so sanft. »Ich habe mir schon so lange gewünscht, zu den Rosen zu kommen«, sagte Elisabeth glücklich, »aber niemand hat Zeit für mich gehabt. Kennst du die Geschichte von der Nachtigall und der Rose?« Sascha kannte sie nicht, und Elisabeth erzählte sie ihm. Die war so ganz anders als das, was er bisher gehört hatte, daß er mir offenem Mund lauschte.

Da schlug die Kirchenuhr zwölf. Sascha hörte den Lärm der Kinder, die aus der Schule stürmten.
»Jetzt muß ich gehen«, sagte er hastig. »Aber am Nachmittag komm ich wieder.«
»Schieb mich bitte erst unter das Dach zurück«, sagte Elisabeth. »Und vergiß nicht zu kommen. Ich warte auf dich.«
Er kam. Er brachte ihr eine Apfelsine mit, die er bei Frau Beyer geklaut hatte. »Die riecht auch«, sagte er und hielt sie ihr vors Gesicht.
Am nächsten Tag war er wieder da, mit einer verstaubten Löwenzahnblüte. Am dritten Tag schob er Elisabeth durch das ganze Viertel und erzählte ihr, was er sah.
Die Leute staunten.
»Ist das wirklich Sascha?« fragten sie einander.
»Man kann doch die alte blinde Frau nicht so einem Burschen wie Sascha anvertrauen. Der ist imstande, sie irgendwo stehenzulassen!«

Aber da kannten sie Sascha schlecht. Er war zuverlässig. Er ließ Elisabeth nirgends stehen. Er kam jeden Nachmittag zu ihr, und fast immer brachte er ihr etwas mit: mal eine Raupe, die er über ihr Hand kriechen ließ, mal ein Tütchen Brausepulver, das nicht einmal gestohlen war, oder einen Stengel Kamille, den er vor ihrer Nase zerrieb. Wenn das Wetter schön war, fuhr er sie durch das ganze Viertel. Danach machten sie zusammen Hausaufgaben – denn Elisabeth hatte erreicht, daß er nicht mehr schwänzte.

Waren die Hausaufgaben fertig, erzählte Elisabeth eine Geschichte. Geschichten mochte Sascha besonders gern. Manchmal sangen sie auch zusammen. Sascha hatte eine schöne Stimme. Das hatte er bisher nicht gewußt. Elisabeth brachte ihm viele Lieder bei. Am liebsten sang er: Sah ein Knab' ein Röslein stehn. Bald konnten sie zweistimmig singen. Das klang wirklich gut.
Wenn es zu dämmern begann, kam Elisabeths Schwester heraus und schob Elisabeth ins Haus.
»Bis morgen!« rief ihr Sascha nach.
»Bis morgen, Sascha – und gib gut acht bei dem Diktat!« rief Elisabeth zurück und winkte.

Zwei Jahre lang waren sie unzertrennlich. Elisabeth langweilte sich nicht mehr im Gärtchen, und Sascha zog nicht mehr die Nase hoch und war nicht mehr der Schrecken des Viertels.
»Ist es nicht rührend, wie er sich um die alte Frau kümmert?« sagten jetzt die Leute zueinander. »Wer hätte ihm das zugetraut?«
Sein Zeugnis besserte sich. Er hatte keine Angst mehr vor der Schule. Es kam sogar so weit, daß ihn die Lehrerin lobte.
»Das ist ein sehr schöner Aufsatz«, sagte sie. »Woher hast du denn diese Geschichte?«
»Von der Elisabeth«, antwortete er.
»Wer ist Elisabeth?« fragte die Lehrerin erstaunt.
»Meine Freundin«, sagte Sascha.
Im Winter wurde es schwierig. Es war Elisabeth zu kalt im Garten. Aber sie setzte schließlich durch, daß Sascha in ihr Zimmer kommen durfte.

Saschas Eltern kümmerten sich nicht um seine Freundschaft. Ihnen war es nur recht, wenn er sich bei Elisabeth aufhielt. Sie hatten keine Zeit für ihn. Elisabeth war immer für ihn da. Sie freute sich jeden Tag auf Sascha. Sie wurde richtig munter und bekam rosige Bäckchen, und sie sang nicht nur, wenn Sascha bei ihr war. Ja, sie erreichte, daß ihre Schwester ihr ein kleines Radio kaufte, und da hörten sie zusammen Musik. Und Sascha erzählte ihr das Neueste aus dem Viertel und brachte ihr die Fußballregeln bei.

Aber plötzlich starb Elisabeth. Es war nur ein ganz kleines Begräbnis: Hinter dem Sarg gingen ihre Schwester und ihr Schwager, und danach kamen noch ein paar Leute aus der Nachbarschaft und eine Schulfreundin. Das war alles. Aber ein Stück vom Grab entfernt, hinter einem großen Fliederbusch verborgen, stand Sascha und weinte. Er zog die Nase so laut hoch, daß sich Elisabeths Schulfreundin erstaunt umschaute.
Ein paar Tage später rief Elisabeths Schwester Sascha zu sich, als er auf der Mauer kauerte und in das leere Gärtchen starrte: »Komm auf einen Sprung herein«, sagte sie. »Du kannst dir das kleine Radio abholen. Meine Schwester hat bestimmt, daß du es haben sollst.«
Er sprang von der Mauer herab und durchquerte das Gärtchen. Die Rosen dufteten. Der ganze Garten duftete nach Elisabeth. Unter dem Vordach stand noch der Rollstuhl.
Elisabeths Schwester reichte ihm das Radio aus dem Fenster.

An der Antenne hing ein Zettel, darauf stand in Elisabeths krakeliger Schrift: *Für meinen lieben Freund Sascha von seiner Elisabeth*
Da mußte Sascha wieder die Nase hochziehen. *Gudrun Pausewang*

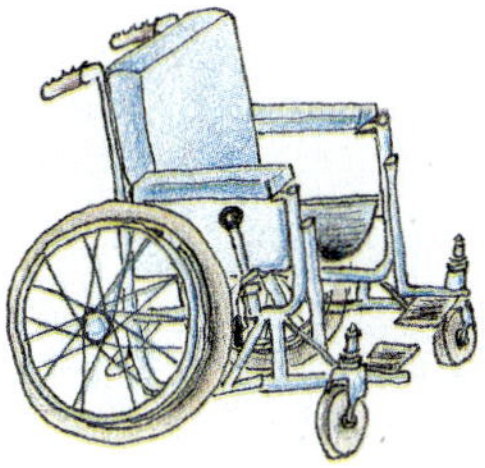

Mein Weg

**Ich ahne einen Weg
meinen Weg
suche nach der Spur
die mich**

**führt
zu dem Ziel
Mensch zu werden
Mensch zu sein**

**träumend, hoffend
voller Sehnsucht –
bin ich
unterwegs**

**zögernd
frage ich
nach dem Weg
suche und zweifle**

**undurchdringlich
um mich –
das Dunkel**

**und dann
spüre ich
eine Hand
deine Hand**

**du und ich
gehen gemeinsam
den Weg**

**Denn:
Einer sagt ja
zu meiner Stärke
zu meiner Zartheit
zu meiner Suche
zu meinem Zweifel**

**Einer sagt ja
zu mir
zu dir**

Ein Mutmachlied – nicht nur für Kinder

2. Wenn einer sagt: „Ich brauch dich, du, ich schaff es nicht allein“, dann kribbelt es in meinem Bauch, ich fühl mich nicht mehr klein.
Lalalala . . .

3. Wenn einer sagt: „Komm, geh mit mir, zusammen sind wir was“, dann werd ich rot, weil ich mich freu, dann macht das Leben Spaß.
Lalalala . . .

4. Gott sagt zu dir: „Ich hab dich lieb und wär so gern dein Freund. Und das, was du allein nicht schaffst, das schaffen wir vereint!“
Lalalala . . .

ALLES, WAS RECHT IST!

Stefan schreibt an seine Schülerzeitung:

Liebe Mitschülerinnen und Mitschüler!

Heute nach der Schule ist ein Fünftklässler von einem älteren Schüler geärgert und dabei so hart zu Boden gestoßen worden, daß er blutete! – Und was in der Pause so alles los ist! So kann das nicht weitergehen! Gestern hat doch tatsächlich…

Schreibt diesen Brief zu Ende und überlegt, an wen er noch geschickt werden sollte.

Sprecht miteinander über Beobachtungen an eurer Schule!

Überlegt gemeinsam, was gegen die beschriebenen Zustände unternommen werden könnte!

Versucht, Plakate zu entwerfen, auf denen die Mißstände an eurer Schule angeprangert und eure Mitschüler um einen fairen Umgang miteinander gebeten werden!

REGELN SIND HILFREICH

Wattebällchen im Wirbelsturm. Was haben sie mit unserer Klasse zu tun?

Wir brauchen dazu:
- so viele Wattebällchen, wie Schülerinnen und Schüler in eurer Klasse sind,
- einige Plakatkartons,
- eine Schere

Legt die Wattebällchen auf einen Schultisch oder das Pult. Einige stellen sich nun um den Tisch und blasen kräftig in die Menge der Wattebällchen hinein. Problemlos könnt ihr die Bällchen durcheinanderwirbeln. Einige fallen gar zu Boden.
Nun muß etwas geschehen, damit die Wattebällchen beim nächsten Mal dem »Sturm« besser widerstehen können. Baut eine Schutzmauer! Schneidet sie aus den mitgebrachten Kartons! Blast wieder auf die Bällchen. Bückt euch dabei, so daß eure Gesichter auf Höhe der Schutzmauer sind. Wie hoch muß die Mauer sein? Wiederholt das Experiment, bis die Wattebällchen nicht mehr heillos durcheinander gewirbelt werden!

Vergleicht die Wattebällchen mit den Schülerinnen und Schülern, die zu Beginn der Gymnasialzeit neu zusammengewürfelt werden. Welchen verschiedenen »Stürmen« sind sie ausgesetzt?

Versucht, Regeln zu finden, die den Umgang miteinander in eurer Klassengemeinschaft ordnen können!

Vergleicht diese Regeln mit der Schutzmauer um die Wattebällchen. Ihr könnt sie auf die »Steine« der Schutzmauer schreiben. Bei welchen Regeln trifft dieser Vergleich zu, bei welchen nicht?

Überprüft dann noch einmal die von euch formulierten »Zehn Gebote für die Klassengemeinschaft«.

Erinnert euch an die »Zehn Gebote für die Klassengemeinschaft«, die ihr in Kapitel 1 formuliert habt.

■ »Jeder Mensch ist unendlich wertvoll« –

Doch wie ist das im täglichen Leben? Da gibt es Stärkere und Schwächere, Größere und Kleinere, Ältere und Jüngere. Damit sich nicht nur die Stärkeren auf Kosten der Schwächeren durchsetzen oder es jedesmal zum Streit kommt, wenn Interessen aufeinanderprallen, brauchen wir »Spielregeln des Lebens«. Sie sollen für alle gelten. Besonders wichtig sind sie für die, die ihre Rechte nicht allein durchsetzen können: Regeln und Gesetze schützen die Schwächeren vor dem Übergriff des Stärkeren.

Einige Regeln, die die Schwachen vor den Stärkeren schützen sollen, habt ihr ja schon kennengelernt: die Zehn Gebote, der Dekalog. Sie sind die ältesten und wohl wichtigsten Regeln, die dies tun, und die uns Christen besonders vertraut sind. ■

Blättere zurück zu Kapitel 1, dort findest du mehr über die Zehn Gebote!

Erinnere dich an die »Präambel« der Zehn Gebote: Was hat Gott mit diesen Regeln zu tun?

Wiederhole den Wortlaut der Zehn Gebote!

Auch die Natur ist ein Partner des Menschen – und häufig ein sehr schwacher! Informationen zum Schutz der Natur und eurer Umwelt findet ihr in Kapitel 3.

Regeln, immer nur Regeln – auch noch in der Freizeit?

Früher wurden Sportspiele, wie zum Beispiel Handball oder Fußball, ohne feste Regeln gespielt. Man kannte weder Schiedsrichter noch Linienrichter, weder eine feste Begrenzung der Spielerzahl noch eine klare Abgrenzung des Spielfeldes.

Wie mag es da wohl zugegangen sein?

Warum wurden Regeln erstellt? Was sollten sie bewirken?

Woran erkennt man einen »fairen« Spieler?

»Der Schiedsrichter ist die wichtigste Person im Spielfeld.« Wie beurteilst du diese Feststellung?

Vielleicht sprecht ihr auch mit eurem Sportlehrer einmal über alle diese Fragen.

FREIHEIT – SCHRANKENLOS?

Überraschend wird mitgeteilt: Während der Aktionswoche der Bürgerinitiative »Freiheit auf unseren Straßen« sind alle Verkehrsregeln in deinem Ort, insbesondere auf deinem Schulweg, aufgehoben. Über Nacht wurden bereits alle Schilder und Ampeln abmontiert, alle Straßenmarkierungen übermalt oder entfernt. Jeder kann die Verkehrswege jetzt benutzen, wie es ihm beliebt.

Aufgrund heftiger Proteste der Bürgerinnen und Bürger wird im Rathaus eine Krisensitzung abgehalten. Die Kampagne »Freiheit auf unseren Straßen« soll sofort abgebrochen werden.

Überlege, was auf deinem Schulweg da alles passieren könnte!

Erstelle über die Kampagne »Freiheit auf unseren Straßen« einen kurzen Bericht für die Zeitung oder eine Reportage für den Lokalfunk!

Verfasse ein Protestschreiben an den Bürgermeister!

Vielleicht wollt ihr diese Krisensitzung einmal nachspielen? Ihr sucht nach den Ursachen des Scheiterns dieses Experiments. Warum geht es nicht ohne Regeln und Gesetze?

Denke darüber nach, wie der Weg zu deiner Schule noch sicherer werden könnte: Was könnte verändert und verbessert werden, damit auch die jüngsten Verkehrsteilnehmer sicher zur Schule gelangen?

Nicht alle Verhaltensweisen im Verkehr lassen sich durch Regeln festlegen.
Was ist zu tun, wenn
- *eine gehbehinderte Frau über die Straße gehen möchte;*
- *ein Blinder am Bordstein steht;*
- *jemand mit einem Kinderwagen in den Zug steigen möchte?*

recht
Kinder haben (Rechte)!
Rüstungsmaschinerie läuft auf Hochtouren
Hunger.
HILFE!
Asyl
Flüchtlinge
HEIMAT ERDE
1.Welt
2.Welt
3.Welt
4.Welt
verletzt oder getötet: 41 000 Unfall
SCHULE KAPUTT
Raum zum Leben
KINDER HABEN RECHTE!
Das Recht auf Gleichheit, unabhängig von Rasse, Religion, Herkommen, Geschlecht.
6 Das Recht auf Liebe, Verständnis und Fürsorge
Das Recht auf unentgeltlichen Unterricht, auf Spiel und Erholung.
8 Das Recht auf sofortige

KINDER HABEN RECHT

KINDER BRAUCHEN RECHTE

▪ Janusz Korczak (1878 – 1942) war Arzt und Leiter eines jüdischen Waisenhauses in Warschau. Über zweihundert Kindern ohne Eltern gab er dort Geborgenheit und eine liebevolle Heimat. Als die Kinder in ein Konzentrationslager verschleppt wurden, ließ er sie nicht allein. Er selbst stand nicht auf der Transportliste, aber er wußte, was auf die Kinder wartete. Darum blieb er bei ihnen und starb mit ihnen. Noch mit seinem Tod bezeugte er, wofür er sich ein Leben lang eingesetzt hatte: Kinder wichtig zu nehmen, sie zu achten und zu lieben. Um ihre Rechte anzumahnen, hat er das Märchen vom König geschrieben, der ein Kind war: »König Hänschen I.« Der folgende Textabschnitt stammt aus diesem Märchen. ▪

Meine Herren Minister«, begann Hänschen und trank Wasser, denn er wollte lange sprechen, »wir haben beschlossen, das ganze Volk soll regieren, und das ganze Volk muß sagen können, was es braucht. Aber Sie haben vergessen, daß das Volk nicht nur aus Erwachsenen, sondern auch aus Kindern besteht. Wir haben fünf Millionen Kinder, die müßten auch regieren. Es soll also zwei Parlamente geben, eins für die Erwachsenen – dort werden die Abgeordneten und die Minister Erwachsene sein – und das zweite für die Kinder – und dort werden die Kinder Abgeordnete und Minister sein. Ich bin König für die Erwachsenen und für die Kinder, aber wenn die Erwachsenen der Meinung sind, daß ich für sie zu klein bin, dann sollen sie sich einen erwachsenen König wählen, und ich werde König der Kinder.« Hänschen trank viermal Wasser, sprach sehr lange, und die Minister begriffen, daß dies eine ernste Angelegenheit war, hier ging es nicht mehr um Schokolade oder Schlittschuhe oder Schaukeln, hier ging es um eine sehr wichtige Reform. »Ich weiß, das ist schwierig«, schloß Hänschen. »Alle Reformen sind schwierig, aber einmal muß man damit anfangen. Wenn es mir nicht gelingt, alles so zu machen, wie es sein muß, dann wird eben mein Sohn oder Enkel meine Reformen zu Ende führen.«

Die Minister dachten nach. So lange und so klug hatte Hänschen noch nie gesprochen. Das stimmte schon, die Kinder gehörten auch zum Volk, also hatten auch sie das Recht zu regieren. Aber wie sollte man das machen? Werden sie das verstehen? Sind sie nicht zu dumm dazu?

Daß die Kinder zu dumm sind, konnten die Minister aber nicht gut sagen, denn Hänschen war ja noch ein Kind. Man mußte es eben versuchen.

KINDERELEND NUR IN KARACHI?

Wählt aus folgenden Aufgaben aus:

König Hänschen I. kommt demnächst in euren Ort, in eure Stadt. Welche Probleme würdet ihr ihm vorlegen? Was müßte alles anders werden? Schreibt einen Brief an ihn!

Stellt euch vor, ihr seid Mitglieder des ersten Kinderparlaments! Ihr seid dabei, die Sitzung des Kinderparlaments vorzubereiten. Welche Anliegen würdet ihr zusammentragen? Spielt eine Beratung des Kinderparlaments durch.

Erstellt selbst ein Gesetzeswerk: Kinderrechte für die ganze Welt!

Vergleicht sie mit den Zehn Geboten.

Überlegt, was geschehen würde, wenn Kinder bestimmen dürften, wie Erwachsene mit ihnen umgehen sollen. Vielleicht entwerft ihr Szenen dieses Rollentauschs und spielt sie der Klasse vor.

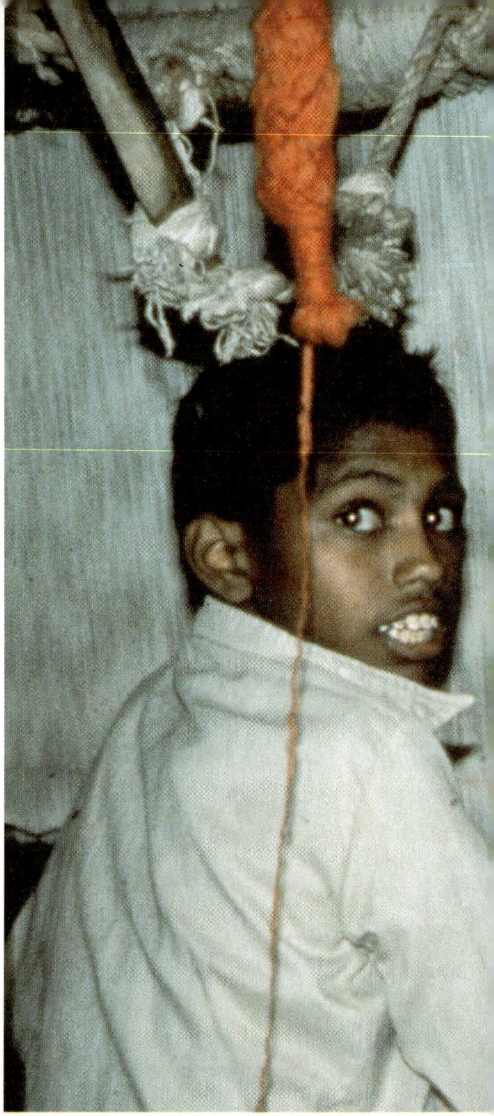

Akthar heiße ich, bin neun Jahre alt, habe noch sieben Geschwister, lebe in Karachi. Meine Eltern sind vor Jahren aus ihrer Heimat geflüchtet, aus Bangladesh. Gewalt und Not dort, Elend auch hier. Zehn Stunden am Tag arbeite ich beim Teppichweber. Mit 14 anderen Jungen zusammen, in einem engen, dunklen Raum. Jeden Tag kommen wir drei Zentimeter weiter. Jeden Tag 30 Pfennig Lohn für zehn Stunden Arbeit. Die Aufseher achten darauf, daß wir nicht zu viele Pausen machen. Kinderarbeit nennt man das.

Wir sind Mitglied von CARE & FAIR e. V., einer Vereinigung gegen Kinderarbeit in der Teppichindustrie.

Lest Zeitungs- und Illustriertenberichte über das Leben von Kindern in Asien, Südamerika und Afrika! Versucht in Gruppenarbeit Collagen über Kinderschicksale in armen Ländern zu erstellen.

»Kinder brauchen Gesetze zu ihrem Schutz.« Versucht sie zu formulieren!

Wenn ihr Collagen erstellt habt zu den Erwartungen, die an euch gerichtet sind (siehe S. 51), könnt ihr sie mit den Bildern über das Leben von Kindern in armen Ländern vergleichen.
Was stellt ihr fest?

■ Schon lange hatte man erkannt, daß das Leid vieler Kinder in unserer Welt so groß ist, daß es zu deren Schutz klar formulierter Grundsätze und Prinzipien bedarf. Deshalb beschlossen im Jahr des Kindes 1979 die Vereinten Nationen (UN), eine eigene »Konvention über die Rechte des Kindes« auszuarbeiten. Konventionen sind internationale Vereinbarungen. Viele Staaten haben diese Konvention bereits unterzeichnet. ■

DIE RECHTE DES KINDES – AUS DER UN-KONVENTION

Der Staat hat zu gewährleisten, ...daß kein Kind unter 15 direkt an Feindseligkeiten teilnimmt und kein Kind unter 15 für die Armee rekrutiert wird; daß alle von bewaffneten Auseinandersetzungen betroffenen Kinder Schutz und Fürsorge erhalten.

Bild rechts: Unterzeichnung der UNO-Charta am 26. Juni in San Francisco

Das Kind hat das Recht auf freie Meinungsäußerung. (vgl. Art. 13)

Jedem Kind ist von Natur aus das Leben gegeben, und der Staat stellt das Überleben und die Entwicklung des Kindes im größtmöglichen Maße sicher. (vgl. Art. 6)

Das Kind hat ein Recht auf Schutz vor wirtschaftlicher Ausbeutung und vor Heranziehung zu jeglicher Beschäftigung, die ... für seine Gesundheit oder körperliche, geistige, seelische, moralische oder gesellschaftliche Entwicklung schädlich sein könnte. (vgl. Art. 19)

Manche Formulierungen sind sicher nicht leicht zu verstehen.

Schlagt unbekannte oder schwierige Begriffe in einem Lexikon nach.

Welche Artikel entsprechen in ihrer Zielrichtung welchen Geboten?

Stellt den Artikeln der UN-Konvention über die Rechte des Kindes die Zehn Gebote gegenüber. Denkt daran, beide Gesetzessammlungen dienen dem Schutz der Schwächeren vor den Starken.

Kinder haben ein Recht auf Erholung und Freizeit, bei Spiel und Freizeitaktivitäten mitzumachen und ungehindert am kulturellen und künstlerischen Leben teilzunehmen. (vgl. Art. 31)

Das Kind hat ein Recht auf schulische Erziehung, die gerichtet sein soll auf die volle Entfaltung der Persönlichkeit, der Begabungen und der geistigen und körperlichen Fähigkeiten des Kindes. (vgl. Art. 29)

DAMIT GESETZE NICHT ZU FESSELN WERDEN

EINSATZ FÜR RETTUNGSWAGEN 32

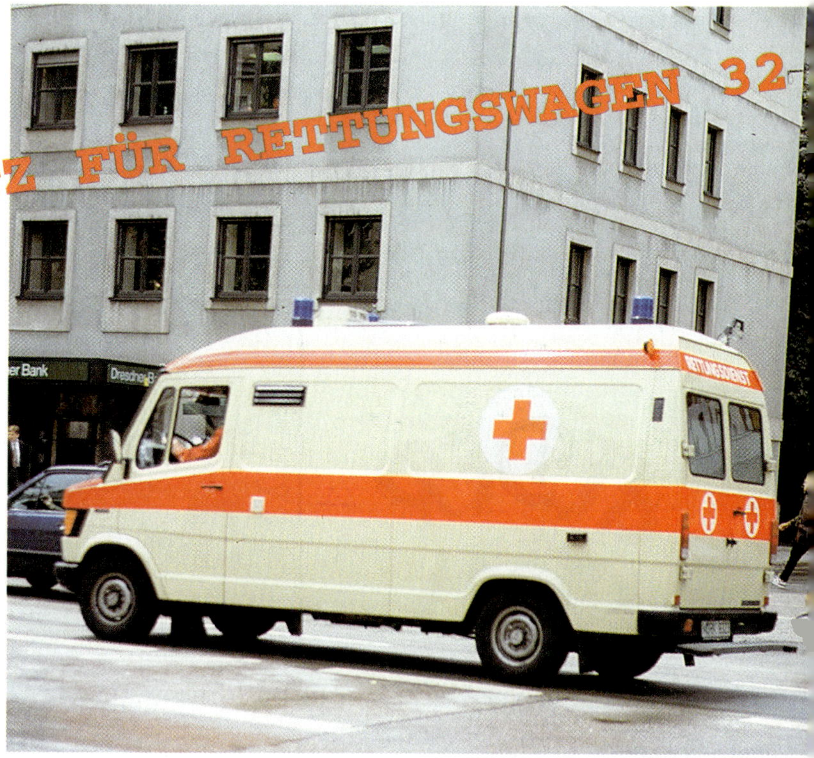

»Einsatz für Rettungswagen 32! – Verkehrsunfall auf der Königsbergerstraße. Radfahrerin gestürzt und schwer verletzt. Polizei und Notarzt sind bereits unterwegs.«
Der Fahrer des Rettungswagens 32 schaltet Blaulicht und Sirene an, rast los, überfährt mehrere rote Ampeln, kurvt entgegen der Fahrtrichtung in eine Einbahnstraße und bleibt schließlich im absoluten Halteverbot stehen.

Krankenwagen, Feuerwehr und Polizei dürfen nur selten mit Blaulicht fahren. Überlege, wann und warum das Blaulicht alle Verkehrsregeln außer Kraft setzen darf.

Fallen dir noch andere Situationen ein, wo bestehende Gesetze und Regelungen außer Kraft gesetzt werden können oder müssen? Kannst du dir Situationen vorstellen, wo du sonst gültige Regeln überschreiten dürftest, ja müßtest?

FEDER BALL
KOMM, LAß UNS FEDERBALL SPIELEN!
AUJA!
HA! NICHT GEKRIEGT!
HÖHÖ – KRIEGSTE NICHT!
BLÖDES SPIEL!
MEINE GÜTE!! SPIELVERDERBERIN!!
GROLL GRUMMEL
WIRKLICH SCHADE! ICH WAR SO SCHÖN AM GEWINNEN! MAN MUSS AUCH VERLIEREN KÖNNEN!
ABER IMMER VERLIEREN MACHT KEINEN SPAß!! MAN MÜßTE AUCH MAL GEWINNEN KÖNNEN!
ALSO... ICH AN IHRER STELLE...
MMH... ICH AN SEINER STELLE...
...WÜRDE MIR JA NICHT SO VIEL DA DRAUS MACHEN!
...WÜRDE MICH AUCH MAL GEWINNEN LASSEN!

■ **Selbst sinnvolle und nützliche Gesetze können in bestimmten Situationen unpassend, ja falsch sein. Sie können den Menschen einengen, ihm Fesseln anlegen und das Leben unerträglich schwer machen. Dann wird aus der Mauer, die die Menschen und ihr Zusammenleben schützt, eine Gefängnismauer.**
Wo Leben in Gefahr ist, treten die sonst geltenden Regeln in den Hintergrund. Deshalb ist es auch wichtig, darüber nachzudenken, wie wir mit Regeln und Vorschriften umgehen. ■

OLYMPISCHER SIEG

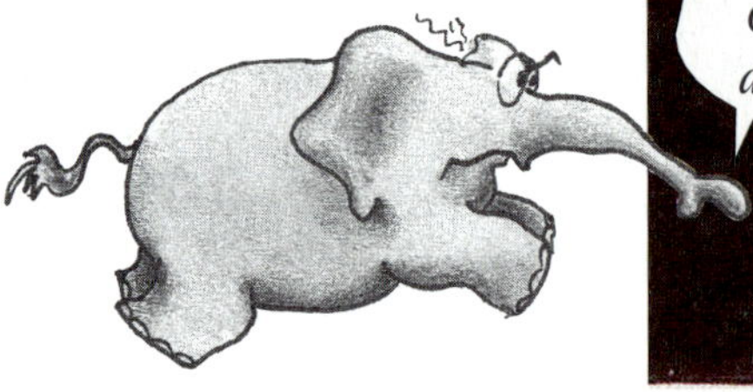

Gaudin hieß der braunlockige, französische Fechter, der einmal in die Höhe einer Entscheidung hinein plötzlich die Stille der Besinnung brachte.

Dabei hatte er sein gallisches Temperament vorher wild in den Kampf hineingeschlagen. Der Wunsch der Teilnehmer, in dieser letzten Florettentscheidung der Olympischen Spiele in Amsterdam 1928 den Sieg zu erringen, schuf eine Atmosphäre, die zum Zerreißen gespannt war. Der lange Italiener, der Gaudin gegenüberstand, war ihm an Reichweite überlegen. Von der Höhe seiner 2,05 Meter herunter hielt der kühlere Italiener den heranfedernden Gaudin in Distanz.

Und dann kam jener großartige Augenblick, in dem Gaudin zum Inbegriff des Fair Play wurde, zum unvergeßlichen Beispiel des Sportkämpfers, der sich selbst überwand.

Der Italiener hatte den wild herandrängenden Franzosen abgefangen. Erregte Rufe lösten sich aus der scheinbaren Reserviertheit der Zuschauer. Auch aus Gaudins Mund drangen helle Laute, mit denen er seinen konzentrierten Angriff zu beflügeln suchte. Die hohe Fechterkunst der beiden lateinischen Nationen entfaltete sich in einem klassischen Kampf. Im Getümmel von Angriff und Abwehr unterbrach plötzlich das Kampfgericht. Der Italiener hatte von seiner Höhe herab die Waffe gesenkt und schaute ihrer Spitze nach. Offensichtlich wußte er nicht genau, ob er einen Treffer erzielt hatte. Im Gremium der Kampfrichter ging der Streit der Meinungen hin und her. Was sich jedoch hinter den Gittern der Haube auf den Gesichtern der Fechter abspielte, wußte niemand. Als sich die Kampfrichter schließlich geeinigt hatten, trat ein Sprecher vor und verkündete: »Non touché« - »Kein Treffer!« Da geschah das Wunderbare. Der Franzose riß die Haube herunter. Sein

Gesicht war tiefrot und von einem durchdringenden Glanze erfüllt.
Er hob das Florett hoch vor die Brust, trat einen Schritt zum Kampfgericht hin und verkündete:

»Je suis touché!« – »Ich bin getroffen!«

Eine Ruhe trat ein, die unheimlich war. Dieser Mann gab zu, getroffen worden zu sein, obwohl das Kampfgericht für ihn entschieden hatte. Bedeutete nicht sein freiwilliges Bekenntnis den Verlust der Goldmedaille, der höchsten Ehre auf der Olympiade? Dann aber überströmte das Gefühl für die Größe dieses Mannes den Raum – Italiener stürzten herbei, um den Franzosen zu umarmen. Beifall toste durch die Halle.

Der lange Italiener aber hob verwirrt die Waffe zum Salut.

Schreibe in Stichworten auf, welche Gedanken und Gefühle in der kurzen Zeit in Gaudin gekämpft haben mögen!

Und wenn der französische Florettfechter geschwiegen hätte? Hätte er damit die Regeln verletzt? – Denke daran, daß Schiedsrichterentscheide eigentlich unanfechtbar sind. Hätte er dann auch richtig gehandelt?

Wenn du an die Zehn Gebote denkst, welchem Gebot könnte Gaudins Verhalten am ehesten entsprechen?

■ **»Fairneß« kann bedeuten, einen persönlichen Vorteil nicht wahrzunehmen, obwohl er einem »regelrecht« zustehen würde; ja »Fairneß« kann sogar bedeuten, einmal auf das eigene »Recht« zu verzichten.** ■

Überlege, warum es für unser Leben miteinander wichtig ist, auch in alltäglichen Angelegenheiten fair zu sein?

Kannst du dir vorstellen, daß man auch etwas gewinnt, obwohl man auf den eigenen Vorteil, den eigenen Erfolg verzichtet?

»Heute hätten wir die in Mathematik geschriebene Schulaufgabe zurückbekommen sollen. Du weißt, die Schulaufgabe, bei der Andreas neben mir saß. Bei ihm geht es ums Durchfallen – und du kennst ja seine strengen Eltern! Ich habe doch in Mathe keine Schwierigkeiten, und ausgerechnet diesmal verrechne ich mich bei der zweiten Aufgabe vollkommen. Andreas schreibt diesen dummen Fehler haarklein ab. Nun sollen wir dem Lehrer bis morgen sagen, wer von wem abgeschrieben hat, sonst bekommen wir beide eine Sechs...Was soll ich jetzt machen?«

STEFAN BEICHTET SEINER MUTTER

Was meint ihr, was Stefans Mutter antworten wird?

Vielleicht beraten sich Stefans Eltern am Abend und erinnern sich dabei an die eigene Schulzeit. Was wird ihnen dabei alles einfallen? Probiert ein Rollenspiel.

Überlegt, wie ihr euch an Stefans Stelle entschieden hättet.

Denkt darüber nach, warum der Lehrer so gehandelt hat. Hätte er nicht auch anders reagieren können?

UND ÜBER ALLEM DIE LIEBE…

Manchmal ist es auch unerläßlich, bestehende Regeln nicht einzuhalten, sie außer Kraft zu setzen oder sogar gänzlich zu ändern.
Wie mit den Gesetzen umzugehen ist, hängt davon ab, ob das Leben, die Würde und das Glück von Menschen auf dem Spiel stehen.

Die Bibel drückt dies folgendermaßen aus:

Jesus antwortet auf die Frage: »Meister, welches ist das wichtigste Gebot des Gesetzes?« – »Du sollst lieben Gott, deinen Herrn, von ganzem Herzen, mit allen deinen Kräften und all deinen Gedanken. Das ist das größte und wichtigste Gebot. Das andere aber ist dem gleich: Du sollst deinen Nächsten lieben wie dich selbst.«

MATTHÄUS 22,34-40 UND LUKAS 19,1-10

Lies in Kap. 4 nach

– wie Jesus dem Zöllner Zacharias begegnet.

– wie der Hirte seinem verlorenen Schaf nachgeht.

– wie der Vater seinem heimgekehrten Sohn begegnet.

KAPITEL 3....

Die Schöpfung entdecken und bewahren

Stefan hat Geburtstag. Er ist elf Jahre alt geworden. Nach der Schule sitzt er mit seiner Schwester Lisa im Wohnzimmer und schaut Fotos an. Sie sind alle in einem dicken Album der Reihe nach geordnet. »Wenn du einmal siebzig Jahre alt bist wie unsere Großmutter«, sagt Lisa, »dann hast du einen ganzen Schrank voller Fotoalben und kannst tagelang darin herumblättern.« Stefan lacht. Der Gedanke gefällt ihm. »Schau mal«, fordert er seine Schwester auf und zeigt auf ein Bild ganz vorn auf der ersten Seite, »so sah ich vor genau elf Jahren aus, an dem Tag, an dem ich geboren wurde.« »Bist du da noch klein«, wundert sich Lisa, »aber du hast schon einen dichten Haarbüschel auf dem Kopf, und große Augen hast du auch«, fährt sie eifrig fort, »und eine süße kleine Stupsnase!« Stefan hört seiner Schwester nicht zu. Unverwandt schaut er das Bild an. Plötzlich sagt er: »Wie fest mich Mutter in ihren Armen hält und wie nah sich Vater zu mir herbeugt! Ich glaube, die haben sich sehr gefreut, damals, als ich auf die Welt kam.« »Das glaube ich auch«, bestätigt Lisa nach einem schnellen Blick auf ihren Bruder. Dann schaut sie nach links auf die Innenseite des Albumdeckels, wo eine weiße, feinbedruckte Karte klebt. »Die habe ich noch nie bemerkt«, wundert sie sich. Auch Stefan liest, was auf der Karte steht.

GOTT SCHENKTE UNS EINEN SOHN

STEFAN

WIR SIND DANKBAR UND VOLLER FREUDE

INGE UND KARL-HEINZ SCHUBERT

Unwirsch schüttelt er den Kopf. »Wir wissen doch«, sagt er, »wie Kinder entstehen und geboren werden. Erst neulich haben wir in Biologie ausführlich darüber gesprochen. Was soll das also mit Gott und so?« Lisa hat eine steile Falte über der Nase zur Stirn hin. Die hat sie immer, wenn sie angestrengt nachdenkt. Nach einer Weile sagt sie: »Wir werden Mutter fragen.« Die schweigt erst und schaut ihre Kinder lange an. »Ich will eine Antwort versuchen«, beginnt sie leise. »Mir liegt sehr daran, daß ihr verstehen könnt, warum wir das geschrieben haben, euer Vater und ich.«

Was könnte die Mutter ihren Kindern erzählt haben?

Vielleicht denkt sie dabei noch einmal zurück an den Tag, an dem Stefan geboren wurde.

Vielleicht erklärt sie, was sie in ihrem Leben für wichtig hält.

Vielleicht spricht sie davon, wie sie mit ihren Kindern umgehen will.

Das Gespräch geht lange hin und her. »Glaubst du wirklich«, fragt Lisa dann zum Schluß, »glaubst du wirklich, daß alles von Gott kommt?« Die Mutter denkt nur ganz kurz nach, dann nickt sie: »Im Grunde«, sagt sie, »im Grunde ist alles Geschenk.« »Alles?« fragt Stefan zurück. »Alles«, bestätigt die Mutter.

»Auch daß ich gesund bin?« bohrt Stefan weiter, »daß Vater Arbeit hat und Geld verdient und wir jedes Jahr in Urlaub fahren können?« »Alles«, wiederholt die Mutter, »alles ist im Grunde Geschenk.« »Alles«, wiederholt auch Lisa. Aber sie sagt es so, als müsse sie noch länger darüber nachdenken.

Eine Welt für den Menschen

Vor vielen hundert, ja tausend Jahren bereits lebten Menschen mit der Gewißheit: Alles kommt von Gott. So verstanden sie sich selbst. So begegneten sie anderen Menschen. So erlebten sie ihre gesamte Umwelt. Ihr Bekenntnis steht am Anfang unserer Bibel.

STEFAN ENTDECKT EIN ALTES BILD VON SICH

GOTT SCHUF DIE WELT

1. MOSE 1, 1–2,3

Am Anfang schuf Gott Himmel und Erde. Und die Erde war wüst und leer, und Finsternis lag auf der Urflut. Und der Geist Gottes schwebte auf dem Wasser.

▪▪▪▪▪

Und Gott sprach: »Es werde Licht!« Und es ward Licht. Und Gott sah, daß das Licht gut war. Gott schied das Licht von der Finsternis. Und Gott nannte das Licht Tag, die Finsternis aber nannte er Nacht. Und es ward Abend und es ward Morgen:
der erste Tag.

▪▪▪▪▪

Und Gott sprach: »Es werde eine Feste inmitten der Wasser, daß sie scheide zwischen Wasser und Wasser!« – Und es geschah so. Gott machte eine Feste und schied die Wasser unter der Feste von den Wassern über der Feste. Und Gott nannte die Feste Himmel. Und es ward Abend und es ward Morgen:
der zweite Tag.

▪▪▪▪▪

Und Gott sprach: »Es sammle sich das Wasser unter dem Himmel an einem Ort, daß das Trockene sichtbar werde! Und es geschah so. Und Gott nannte das Trockene Erde, die Sammlung der Wasser aber nannte er Meer. Und Gott sah, daß es gut war.
Und Gott sprach: »Die Erde lasse junges Grün sprossen: Pflanzen, die Samen tragen, und Fruchtbäume, die Früchte bringen, nach ihrer Art.« Und Gott sah, daß es gut war. Und es ward Abend und es ward Morgen:
der dritte Tag.

▪▪▪▪▪

Und Gott sprach: »Es sollen Lichter werden an der Feste des Himmels, daß sie als Leuchten dienen und es hell sei auf der Erde!« Und es geschah so. Gott machte die beiden großen Leuchten, dazu auch die Sterne, und setzte sie an die Feste des Himmels. Und Gott sah, daß es gut war. Und es ward Abend und es ward Morgen:
der vierte Tag.

▪▪▪▪▪

Und Gott sprach: »Die Wasser sollen wimmeln von Lebewesen, und Vögel sollen fliegen über der Erde!« Gott schuf die großen Seeungeheuer und alle Lebewesen, die im Wasser wimmeln, und alle fliegenden Vögel nach ihrer Art. Und Gott sah, daß es gut war. Und es ward Abend und es ward Morgen:
der fünfte Tag.

▪▪▪▪▪

Und Gott sprach: »Die Erde bringe hervor lebende Wesen, Vieh und Gewürm und die wilden Tiere!« Und es geschah so. Und Gott sah, daß es gut war.
Und Gott sprach: »Lasset uns Menschen machen nach unserem Bilde, als unser Abbild. Und sie sollen herrschen über die Fische im Meer und die Vögel am Himmel, über das Vieh und alle wilden Tiere, über alles Gewürm auf der Erde.« Und Gott schuf den Menschen nach seinem Bilde, nach dem Bild Gottes schuf er ihn und schuf sie als Mann und Frau. Und Gott segnete sie und sprach: »Seid fruchtbar und mehret euch und füllet die Erde und machet sie euch untertan! Herrschet über die Fische im Meer und die Vögel am Himmel und über alles, was sich regt auf Erden!« Und Gott sah an alles, was er gemacht hatte, und siehe da: Es war sehr gut. Und es ward Abend und es ward Morgen:
der sechste Tag.

▪▪▪▪▪

Und Gott vollendete am siebenten Tag sein Werk, das er gemacht hatte, und ruhte am siebenten Tag von all seinen Werken, die er getan hatte. Und Gott segnete den siebenten Tag und heiligte ihn.

Welcher Eindruck entsteht, wenn ihr den Text als ganzes betrachtet?

Vergleicht die einzelnen Strophen miteinander. Beginnt jeweils mit Anfang und Schluß einer jeden Strophe.

Ordnet den 1. und den 4., den 2. und den 5., den 3. und den 6. Tag zusammen.

Haltet in der Skizze fest, was an den einzelnen Tagen geschaffen wird. Was fällt euch auf?

Bildet doch einmal fünf Gruppen in eurer Klasse und lest den Text im Wechsel. Wie hört er sich an?
Warum wiederholen sich immer wieder bestimmte Worte und Sätze?

Warum ist der Text so streng gegliedert und so planmäßig aufgebaut?
Der 7. Tag ist auffällig anders gestaltet. Was das wohl zu bedeuten hat?

Was der König von Babylon mit der Entstehung des Schöpfungsbekenntnisses zu tun hat.

Im Jahre 587 eroberte und zerstörte der babylonische König Nebukadnezar Jerusalem. Die Bewohner der Stadt, die überlebt hatten, wurden nach Babylon verschleppt. Sie waren Fremde dort. Sie verstanden die Sprache nicht. Mit ihrer Kleidung fielen sie überall auf und mit den Gewohnheiten, die sie aus der Heimat mitgebracht hatten. Ihre Lieder klangen anders, vor allem aber ihre Gebete.

Die Babylonier sagten:
■ **Mächtig sind Sonne, Mond und Sterne. Sie setzen die Zeiten für Saat und Ernte fest. Sie beherrschen die Natur und bestimmen das Schicksal der Menschen. Marduk aber ist am mächtigsten. Als ganz am Anfang die Götter noch um die Herrschaft stritten und gegeneinander kämpften, besiegte er sie alle. Er, der Himmel und Erde beherrscht, er ist unser Gott. Darum konnten wir alle umliegenden Völker unterwerfen, auch Israel. Niemand ist Marduk gewachsen. Unser König ist sein Ebenbild. Er hat seine Macht von ihm. Er kann sie gebrauchen, wie er will. Menschen sind seine Sklaven. Sie müssen ihm dienen und bedingungslos gehorchen. Sie müssen Steuern und hohe Abgaben entrichten. Der König aber sorgt dann für sie. Er belohnt die, die seine Befehle ausführen und seine Wünsche durchsetzen. Er verleiht Ämter und hohes Ansehen. Er fördert den Handel, daß viele reich werden und in Luxus leben können. Er veranstaltet prunkvolle Umzüge und feierliche Gottesdienste, an denen alle teilnehmen. Er baut breite Straßen und hohe Brücken, Häuser, Paläste und kunstvoll blühende Gärten.** ■

Psalm 137 spiegelt Lage und Stimmung der Israeliten in Babylon recht anschaulich wider.

ICH GLAUBE AN GOTT,

DEN VATER, DEN ALLMÄCHTIGEN, DEN SCHÖPFER DES HIMMELS UND DER ERDE

Dieser 1. Artikel des Glaubensbekenntnisses beschränkt sich mit nur wenigen Worten auf eine ganz knappe Aussage. Christen haben darum immer wieder versucht, für sich und andere ausführlicher zu beschreiben, woran sie denken und was sie meinen, wenn sie dieses Bekenntnis sprechen:

■ Ich glaube, daß mich Gott geschaffen hat mit allem, was auf Erden und im Weltall lebt.
Ihm allein gehört die Erde.
Er gibt uns täglich neu, was wir zum Leben brauchen.
In Glück und Leid behütet und bewahrt er mich.
Aus seiner Güte bin ich, was ich bin.
Ich vertraue seiner Gnade und nicht meiner Kraft.
Das dank ich ihm von Herzen. ■

Vergleicht diese Erklärung aus unserer Zeit mit der Martin Luthers im Kleinen Katechismus.

Überlegt euch, welche Aussagen für euch wichtig sind, welche ihr streichen, verändern oder ergänzen möchtet.

Versucht einmal, eine eigene Erklärung zum 1. Artikel zu formulieren und in euer Heft zu schreiben.

Alle Menschen sind Geschöpfe Gottes, alle sind sein Ebenbild –

auch Kinder
nicht nur Erwachsene
auch Ausländer
nicht nur Einheimische
auch Behinderte
nicht nur Gesunde...

Setzt bitte diese Liste fort.

WORÜBER MENSCHEN STAUNEN

Die drei Astronauten Borman, Lovell und Anders fotografierten aus großer Entfernung die Erde. Aus einem dieser Bilder gestaltete ein Künstler eine Collage.

Während der ersten bemannten Mondumkreisung wandten sich am Heiligabend 1968 die Astronauten, Bormann, Lovell und Anders, an die Millionen Menschen, die ihnen von Tokio bis Paris und Los Angeles zuhörten: »Für alle Menschen auf der Erde hat die Mannschaft von Apollo 8 eine Botschaft.«
Anders begann:
»Am Anfang schuf Gott Himmel und Erde. Und die Erde war wüst und leer, und Finsternis lag auf der Urflut.«
Lovell fuhr fort:
»Und Gott sprach: Es werde Licht! Und es ward Licht...«
Zusammen mit Bormann verlasen sie die ersten zehn Verse des Bekenntnisses, das Priester in Babylon formuliert hatten.

Was brachte sie wohl auf diese Idee?
Was werden die Menschen gedacht haben, die ihnen zuhörten?

Was will der Künstler mit dieser Collage aussagen?

Welche Gedanken kommen euch, wenn ihr das Bild dreht oder auf den Kopf stellt?

Er hält die ganze Welt

aus: Jochen Senft: Gospels, Skounties, Folklore, Voggenreiter Verlag, Godesberg 1975

Mit riesigen Teleskopen erforschen Menschen die Weite des Universums.

Mit Mikroskopen, die bis zu 500.000fach vergrößern, beobachten Menschen die Welt des Allerkleinsten, hier z.B. Wasserflöhe in einem Wassertropfen.

Mit bloßem Auge kann man diesen Spiralnebel nicht sehen. Er ist 9 Millionen Lichtjahre von uns entfernt und enthält mindestens 50 Milliarden Sterne.

Reines Wasser scheint leblos zu sein. Tatsächlich aber bevölkert ein artenreicher Mini-Zoo dieses Element. Auch hier, in einem Tropfen, wimmeln auf kleinstem Raum Kugelalgen, Hüpferlinge, Kleinstkrebse und Wasserflöhe durcheinander.

Mit bloßem Auge – und ein wenig Nachdenken – entdecken Menschen oft staunenswerte Dinge in ihrer unmittelbaren Umgebung: eine Raupe etwa, die sich zum Schmetterling wandelt, eine Spinne, die ein kunstvolles Netz webt, oder auch ein winziger Apfelkern, der zu einem mächtigen Baum werden kann.

Versucht doch einmal auszurechnen: Wieviele Kilometer ist der Spiralnebel von uns entfernt, wenn das Licht in 1 Sekunde 300 000 Kilometer zurücklegt?

... und abzuzählen: Wieviele Sandkörner haben in einem Fingerhut Platz? Die Anzahl der Sandkörner, die man in 5 Würfel mit 1 Quadratmeter großen Flächen schaufeln kann, entsprechen in etwa der Anzahl der Sterne, die dieser Spiralnebel enthält.

Lest in einem Lexikon die Artikel, die euch über Bakterien und Viren informieren. Ob ihr dann noch einmal rechnen und zählen wollt? Manche dieser winzigen Lebewesen sind 200 Ångström groß.

Der wievielte Teil eines Zentimeters ist das, wenn 1 Ångström 1 Zehntausendstel eines Mikron und 1 Mikron der millionste Teil eines Meters ist?

Manche dieser winzigen Lebewesen vermehren

Was heißt zu Tisch beten?

...fragte das Kind. »Das erste«, sagte der Lehrer, »ist sehen, was da steht!« »Oh, das ist einfach«, sagte das Kind, »das tut doch jeder.« »Keineswegs. Viele Menschen gehen vom Tisch und wissen nicht, mit welcher Liebe eine Mahlzeit bereitet wird. Sie beachten kaum den schön gedeckten Tisch. Können sie da Gott danken, wo sie doch die guten Dinge gar nicht wahrnehmen?« »Also, sehen, was da steht! Sagst du. Was kommt danach?« »Was wohl? Jetzt mußt du es dir schmecken lassen!« »Ist das etwas besonderes?« »Muß es etwas besonderes sein? Die einfachsten Dinge sind oft die schwersten. Viele Menschen essen ohne Freude.« »Gehört noch etwas zum Tischgebet?« »O ja! Der Dank an alle, die das Mahl bereitet haben.« »Wie soll ich danken?« »Mit Freundlichkeit bei Tisch. Mit Achtung beim Essen. Mit einem ›Dankeschön‹ an die Eltern. Dies alles aber fassen wir zusammen, wenn wir ›Gott‹ sagen.«

Hubertus Halbfas

Ihr findet auf dieser Seite einige bekannte Tischgebete. Vielleicht kennt ihr schon eines davon?

Vielleicht möchtet ihr euch noch ein anderes einprägen? Vielleicht habt ihr Lust, ein Tischgebet mit eigenen Worten zu formulieren?

Schreibt es dann doch in euer Heft und gestaltet die ganze Seite mit bunten Farben.

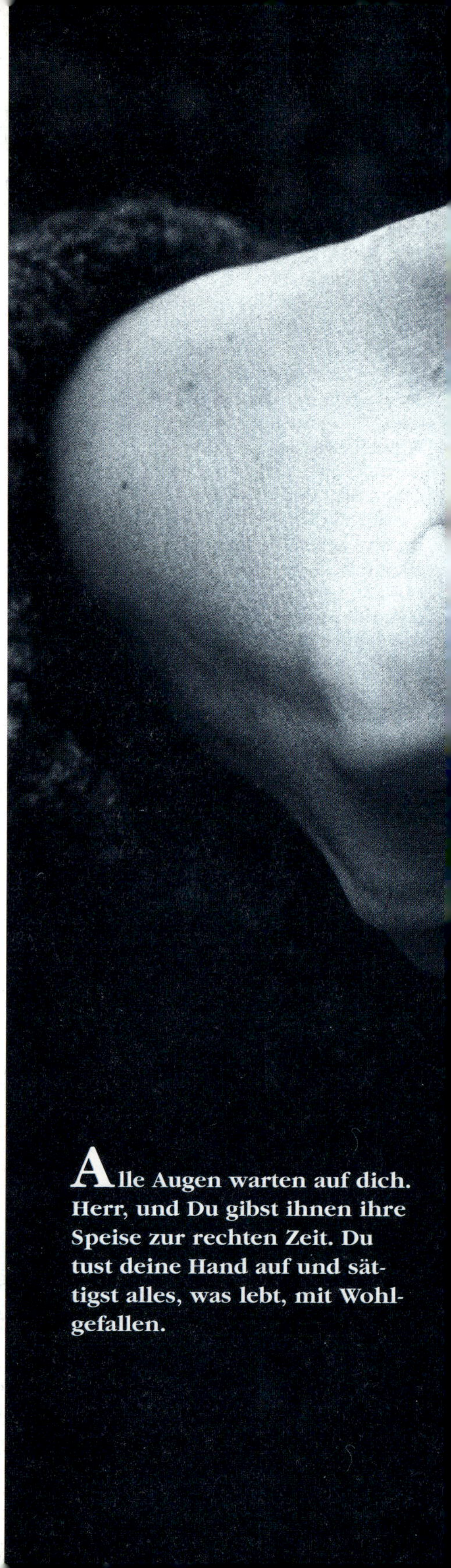

Alle Augen warten auf dich. Herr, und Du gibst ihnen ihre Speise zur rechten Zeit. Du tust deine Hand auf und sättigst alles, was lebt, mit Wohlgefallen.

Was wir haben, woll'n wir teilen, nichts gehört uns allein. Hilf uns, Not und Hunger heilen und für and're da zu sein.

Alle guten Gaben, alles, was wir haben, kommt, o Gott, von Dir. Wir danken Dir dafür.

Danket dem Herrn, denn er ist freundlich, und seine Güte währet ewiglich.

Herr, wir wollen bei dem Essen nicht die Hungernden vergessen. Hilf, daß wir auf dieser Erde Boten Deiner Liebe werden.

Viele haben Hunger und haben nichts zu essen. Viele haben Brot und wollen es nicht essen. Wir haben Brot und woll'n die Armen und das Danken nicht vergessen.

LISA STELLT DIE ENTSCHE

»Frau Reiner ist wieder da« sagte Stefan, stellte seine Schultasche in den Flur und kam zu Mutter in die Küche. Frau Reiner wohnte mit Mann und Kindern im Nachbarhaus. Beide Familien kannten sich gut. Sie trafen sich immer wieder und sprachen miteinander. Sie feierten Feste gemeinsam und gingen sonntags oft zusammen in den Gottesdienst. In letzter Zeit hatte Frau Reiner immer wieder Schmerzen in den Beinen verspürt. Sie hatte sich darum im Krankenhaus untersuchen lassen. Das hatte mehrere Wochen gedauert. Nun war sie wieder nach Hause gekommen. »Hast du sie gesehen?« fragte Stefan. Die Mutter schüttelte den Kopf. »Aber ich«, sagte Stefan, »ich habe sie gesehen«. Er sagte das so nachdrücklich daß seine Mutter erstaunt zu ihm hinschaute. »Sie sitzt im Rollstuhl«, fuhr er fort, »sie wird nie mehr allein gehen können. Nie mehr. Die Ärzte haben das festgestellt.« Die Mutter erschrak sichtbar. »Mein Gott«, flüsterte sie. Dann fuhr sie Stefan mit der Hand wortlos übers Haar. Als der Vater am Abend hörte, was geschehen war, sagte er: »Wir werden nach dem Essen zu ihr rübergehen.« Die Mutter nickte. »Ja«, sagte sie, »ich nehme Blumen mit.« Stefan schien seinen Eltern nicht zugehört zu haben. »Daß es sowas gibt«, brach es aus ihm heraus. »Frau Reiner war immer so fröhlich. Sie wußte viele Lieder und konnte tollen Kuchen backen. Wir mochten sie alle wahnsin-

ENDE
FRAGE

AUS PSALM 88

Menschen der Bibel, die verzweifelt und am Ende waren, haben Gott ihr Leid geklagt:

■ **Herr, mein Gott, du allein kannst mich retten! Tag und Nacht schreie ich zu dir.**
Laß mein Gebet zu dir dringen, hör meinen Hilferuf!
Ich habe mehr als genug gelitten und stehe schon mit einem Fuß im Grab. Alle meinen, mit mir sei es aus:
Die Kräfte schwinden mir,
ich kann nicht mehr.
Ich bin im Elend gefangen
und finde keinen Ausweg;
vor lauter Schmerzen wird mir schwarz vor Augen.
Ich schreie zu dir, Herr,
jeden Morgen bestürme ich dich mit Bitten.
Warum hast du mich verstoßen, Herr? Warum verbirgst du dich vor mir? ■

nig gern. Und nun das!« Nach einer Pause wiederholte er: »Daß es sowas gibt! Daß sowas passieren darf!« Der Vater setzte mehrfach zum Reden an. Dann sagte er: »Überall in der Welt gibt es Menschen, die alt und krank oder ein Leben lang behindert sind, die hungern oder fliehen müssen und alles verlieren, was sie besessen haben. Wir leben nicht mehr im Paradies. Leid gehört zu unserem Leben dazu.« »Das habt ihr doch selbst auch schon erlebt«, fiel die Mutter ein. »Denkt einmal daran, wie oft ihr schon traurig ward.« »Aber mit Frau Reiner...« unterbrach Stefan seine Mutter. Dann hielt er mitten im Satz inne und zuckte hilflos mit den Schultern. Lisa, die bisher still dabei gesessen war, fragte plötzlich: »Ob die noch beten kann?«

Sprecht miteinander über Lisas Frage. Warum wollen die Eltern Frau Reiner unbedingt besuchen? Was werden sie ihr sagen können?
»Was erwarten Menschen von Gott?« Diskutiert Antworten und Meinungen in der Klasse.

■ **Wir finden nicht auf jede Frage die richtige Antwort.**
Wir können nicht alles erklären und ausrechnen.
Wichtig ist, daß wir uns auch bei Verlust und Leid nicht von Gott verlassen fühlen. Nur dann fallen uns Einsichten zu, die uns trösten können. ■

Lest in Kapitel 4 auf den Seiten 112 ff nach, welche Erfahrungen Menschen mit Gott gemacht haben.

MENSCHEN ERZÄHLEN VON IHREN ERFAHRUNGEN MIT DEM LEID

Das Märchen von der Palme. Durch eine Oase ging ein finsterer Mann, Ben Sadok. Er war so gallig in seinem Charakter, daß er nichts Gesundes und Schönes sehen konnte, ohne es zu verderben. Am Rand der Oase stand ein junger Palmbaum im besten Wachstum. Der stach diesem finsteren Mann in die Augen. Da nahm er einen schweren Stein und legte ihn der jungen Palme mitten in die Krone. Mit einem bösen Lachen ging er weiter. Die junge Palme schüttelte sich und bog sich und versuchte, die Last abzuschütteln. Vergebens. Zu fest saß der Stein in der Krone. Da krallte sich der junge Baum tiefer in den Boden und stemmte sich gegen die steinerne Last. Er senkte seine Wurzeln so tief, daß sie die verborgene Wasserader der Oase erreichten, und stemmte den Stein so hoch, daß die Krone über jeden Schatten hinausreichte. Wasser aus der Tiefe und die Sonnenglut aus der Höhe machten eine königliche Palme aus dem jungen Baum. Nach Jahren kam Ben Sadok wieder, um sich an dem Krüppelbaum zu freuen, den er verdorben hatte. Er suchte vergebens. Da senkte die stolzeste Palme ihre Krone, zeigte den Stein und sagte: »Ben Sadok, ich muß dir danken, deine Last hat mich stark gemacht.«

Eine Traumgeschichte. Ein Mann träumte eines Nachts, daß er mit Gott am Strand spazierenginge. Am Himmel zogen Szenen aus seinem Leben vorbei. Und für jede Szene aus seinem Leben waren Spuren im Sand zu sehen. Als er auf die Fußspuren im Sand zurückblickte, sah er, daß manchmal zwei Spuren und manchmal nur eine Spur da war. Er bemerkte weiter, daß sich zu Zeiten größerer Not und Trauer nur eine Spur zeigte. Deshalb fragte er den Herrn: »Herr, ich habe bemerkt, daß zu den traurigen Zeiten meines Lebens nur eine Spur zu sehen ist. Du hast aber versprochen, stets bei mir zu sein. Ich verstehe nicht, warum du mich da, wo ich dich am nötigsten brauchte, allein gelassen hast.« Da antwortete der Herr: »Mein lieber Freund, ich habe dich niemals verlassen. In den Tagen, in denen du am meisten gelitten und mich am nötigsten gebraucht hast, da habe ich dich getragen.«

?

Wie wirken diese Geschichten auf euch? Welche Erfahrungen geben sie wieder? Warum werden sie in Form eines Märchens und einer Traumgeschichte erzählt?

JESAJA 55, 8 UND 9

■ **Meine Gedanken sind nicht eure Gedanken, und eure Wege sind nicht meine Wege, spricht der Herr, sondern soviel der Himmel höher ist denn die Erde, so sind auch meine Wege höher denn eure Wege und meine Gedanken denn eure Gedanken.** ■

DIE WELT, VON DER WIR LEBEN

Der Mensch hat die Schöpfung immer wieder verändert. Er kann das. Er allein unter allen Lebewesen. Er hat die Gaben und Fähigkeiten dazu. Gott hat sie ihm gegeben. Darum spricht er auch zu ihm: Mache dir die Erde untertan, bebaue, gestalte und erhalte sie.

Sucht Beispiele dafür, daß Menschen diesen Auftrag ernstgenommen und erfüllt haben.
Wie würde sich euer Leben verändern, wenn es keinen Strom mehr gäbe?
Was würdet ihr dann am meisten vermissen?

Der Mensch hat die Schöpfung immer wieder verändert – am nachhaltigsten wohl, als er Maschinen erfand. Sie übernahmen Arbeiten, die er vorher selbst verrichten mußte. Sie produzierten Waren, die er brauchte, schneller und billiger, als er sie vorher mit seinen Händen selbst herstellen konnte. Sie machten sein Leben leichter und angenehmer. Um sie zu betreiben, brauchte man vor allem Kohle und Erdöl. So wurde immer mehr Kohle abgebaut und immer mehr Erdöl gefördert. Dabei entstanden immer mehr Abgase, die die Luft verpesteten und immer mehr Abfälle, die die Umwelt verschmutzten. Deshalb starben immer mehr Pflanzen, Bäume und Tiere – und immer mehr Armut und Hunger breitete sich aus in immer mehr Ländern der dritten Welt.

■ *Zwischen 1950 und 1975 wurden auf der Welt etwa so viele Rohstoffe verbraucht, wie in der ganzen Menschheitsgeschichte zuvor.* ■

■ *Die Vorräte an Öl und Kohle werden in absehbarer Zeit verbraucht sein.* ■

■ *Durch die intensive Nutzung des Bodens sterben immer mehr Tierarten aus.* ■

■ *Ein Drittel der Weltbevölkerung lebt in den reichen Industrienationen und besitzt fast alle Güter der Welt.* ■

Was ist eure Meinung? Sprecht ausführlich miteinander darüber. Was sind die Gründe für das Baumsterben in unserem Land, für die Hungersnöte in der Welt, für das Aufbrechen eines Ozonlochs in der Atmosphäre?

»Warum machen Menschen die Schöpfung kaputt?« Schreibt ein Märchen oder malt eine Bildergeschichte. Vergleicht die Antwort, die ihr gebt, mit der Geschichte vom Sündenfall 1. Mose 3.
Stellt euch vor, ihr seid Wasser, Luft, ein Baum oder ein Tier, das bei uns lebt. Verfaßt einen Brief an die Menschen.

DIE SCHÖPFUNG ERHALTEN MIT VERSTAND UND PHANTASIE

Wir Menschen sind mit der Welt, die Gott geschaffen hat, willkürlich und sehr selbstsüchtig umgegangen. Wir haben sie rigoros ausgebeutet, um leichter und bequemer leben zu können. Wir haben vergessen, daß sie verletzlich ist, ja zerstört werden kann. Nun erschrecken wir über das Ausmaß der Verwüstung, die wir angerichtet haben. Manchmal steigt sogar Angst vor der Zukunft in uns hoch. Gott aber gab uns Verstand und Phantasie, um sorgsamer als bisher mit seiner Schöpfung umzugehen, um alte Schäden zu korrigieren und neue zu vermeiden.
Das aber ist nicht nur Aufgabe von Fachleuten aus Wissenschaft, Wirtschaft und Politik. Vielmehr muß jeder einzelne von uns in seinem unmittelbaren Umfeld mithelfen, noch größere Schäden zu verhindern und das Gleichgewicht der Natur wieder herzustellen.

Am Umweltbaum sind noch Blätter frei. Was haltet ihr davon, auf dem Schulhof ein Biotop anzulegen oder eine Recyclingstation aufzubauen und zu betreiben?

Was fällt euch spontan ein, wenn ihr diese Zeichnung anschaut? Vergleicht sie mit der Aussage von 1. Mose 1,28 und 1. Mose 2,15. Formuliert in einem kurzen Satz, welchen Auftrag der Mensch in der Schöpfung hat. Vielleicht bringt ihr dann diesen Satz mit dem Bild zusammen und entwerft ein Plakat, das ihr an gut sichtbarer Stelle aufhängt.

WAS MAN SONST NOCH ALLES WISSEN MÜSSTE ...

Haltet schriftlich fest, was euch einfällt zu den Stichworten »Treibhauseffekt« und »saurer Regen«. Holt weitere Informationen dazu ein. Erkundigt euch möglichst eingehend über alternative Energiequellen.

Bastelt doch einmal ein Wasserrad aus Sperrmüll. Vielleicht gelingt euch sogar die Konstruktion eines Windrades.

Stellt Gründe für die Gefährdung oder das Aussterben vieler Tierarten zusammen. Erkundigt euch beim Tierschutzverein, wie ihr mithelfen könnt, Tiere besser zu schützen.

Zählt die Eimer voller Abfälle, die eure Familie pro Woche wegwirft. Was würdet ihr tun, wenn ihr den ganzen Müll behalten müßtet? Stellt fest, wo bei euch zu Hause Kunststoffmüll anfällt, der nicht wieder aufbereitet werden kann, der in absehbarer Zeit auch nicht verrottet, sondern auf immer größeren Halden gelagert werden muß.

Fertigt Handzettel zum Thema »Müll vermeiden ist besser«. Verteilt sie in Schule und Nachbarschaft. Berichtet im Unterricht, welche Erfahrungen ihr bei dieser Aktion gemacht habt.

Vielleicht denkt ihr auch in diesem Zusammenhang über das Gleichnis vom Senfkorn nach. (Mk 4,30-32)

DIE GANZE WELT FÜR ALLE MENSCHEN

Wir gehören zu dem einen Drittel der Weltbevölkerung, das in reichen Industrieländern lebt und fast alle Güter dieser Erde besitzt.
Für uns ist es selbstverständlich, daß wir eine Wohnung haben oder gar ein eigenes Haus mit Garten, daß wir in Geschäften auswählen und auch großzügig einkaufen können, was wir täglich brauchen, daß wir bei Krankheit einen Arzt rufen, daß wir uns teure technische Geräte anschaffen für Haushalt, Beruf oder zum bloßen Vergnügen, daß wir mit dem eigenen Auto reisen, mit der Eisenbahn oder dem Flugzeug.
Die Menschen in den armen Ländern würden auch gerne so leben wie wir, aber unsere Erde kann solchen Luxus nicht für alle bereitstellen. Während wir den Großteil ihrer Güter verbrauchen, um ein möglichst angenehmes Leben führen zu können, kämpfen Menschen – vor allem in anderen Erdteilen – ums nackte Überleben. Um ständigem Hunger zu entgehen, bestellen sie ihre Felder viel zu oft, so daß der Boden austrocknet und zu unfruchtbarem Staub zerfällt. Um neues Ackerland zu gewinnen, roden sie Waldgebiete, obgleich Pflanzen und Tiere dadurch ihre Heimat verlieren und das Erdklima verändert wird. Sie leiden Hunger. Darum nehmen sie keine Rücksicht auf die Umwelt. Das aber kann uns nicht gleichgültig sein. Wir müssen diese Entwicklung stoppen, indem wir Güter und Chancen, die Gott mit dieser Welt gegeben hat, gerechter unter alle Menschen aufteilen.

Vielleicht fällt euch ein Titel zu dieser Karikatur ein. Sucht in Zeitungen und Zeitschriften Fotos zum gleichen Thema, die ihr zu einer Collage ordnen könnt.

Findet beim Einkauf heraus, woher die Lebensmittel kommen, die ihr gewöhnlich zu Hause habt.

Warum können sie dort billig produziert werden? Warum werden sie bei uns verarbeitet und verpackt?

Tragt möglichst viele Gründe zusammen, die erklären, warum reiche Länder reicher und arme Länder ärmer werden. Sicher fallen euch beim gemeinsamen Nachdenken auch Vorschläge ein, wie diese Entwicklung gestoppt werden kann.

MENSCHEN DENKEN ÜBER GOTT NACH

Stefan weiß nicht mehr weiter

Das war heute ein langer Tag: Schule, Sport und jetzt noch die Hausaufgaben. Leicht genervt sitzt Stefan am Schreibtisch. Mathe und Englisch schafft er mühelos. Dann wiederholt er noch zwei Seiten im Biobuch. Fertig?! Nicht ganz: die Reliaufgabe steht noch an. »Wie ich mir Gott vorstelle – malt selbst ein Bild oder bringt eins mit, das ihr gefunden habt!« Stefan entscheidet sich sofort fürs Malen. Dazu hat er Talent. Das kann er gut. Aber Gott malen? Nachdenklich zeichnet er ein paar Striche auf das Blatt – er grübelt und grübelt. Schließlich schiebt er Stift und Papier zur Seite und gibt auf.

Auch beim Abendessen läßt ihm die Hausaufgabe keine Ruhe. »Stellt Euch vor, ich soll malen, wie ich mir Gott vorstelle, aber das kann ich nicht!«

Lisa versucht, ihn aufzumuntern: »Ich schau' gleich mal in meinem Relibuch nach – da müssen doch Bilder von Gott drin sein, die du abmalen kannst.«

»Ganz oben rechts im Bücherregal«, ruft der Vater Lisa noch zu, »steht auch noch ein Bildband zur Bibel. Vielleicht hilft der dir weiter!«

Kurze Zeit später sehen sie gemeinsam die Bücher durch. Je mehr Bilder sie betrachten, desto enttäuschter wird Stefans Gesichtsausdruck: »Das gibt's doch gar nicht! Nur ein Bild, auf dem Gott dargestellt wird, sonst immer nur Menschen!« Auch Lisa ist zunächst verblüfft. Dann aber hat sie gleich eine Erklärung zur Hand: »Man darf sich doch kein Bild von Gott machen; das habe ich schon in der Bibel gelesen. Wahrscheinlich ist das der Grund dafür, daß wir nichts finden.«

Ihre Mutter, die sich inzwischen einige Bilder lange und genau angesehen hat, meint: »Ich kann in vielen dieser Bilder Gott spüren, auch wenn er nicht gemalt ist, denn in jedem dieser Bilder steckt für mich eine Geschichte. Jedes Bild erzählt, wie Gott Menschen begegnet ist, oder was Menschen mit Gott erlebt haben.«

Stefan hat aufmerksam zugehört. »Dann ist das fast so wie bei Opa. Wenn ich mit ihm in alten Fotoalben schmökere, dann fällt ihm auch zu jedem Bild eine Geschichte ein.« »Ja das, das ist ein gutes Beispiel«, lacht der Vater. »Dann weiß ich jetzt, was ich male – ich male auch so ein Erzählbild, in dem Gott vorkommt!« Und schon ist Stefan in Richtung Schreibtisch verschwunden.

Aus dem Gemäldezyklus von Christian Ludwig Attersee in der evangelischen Christuskirche in Bad Füssing

Ihr könnt entweder wie Stefan – jeder für sich – ein Erzählbild malen, oder ihr bildet mehrere Gruppen und tragt in einem Schreib- und Malgespräch zusammen, was euch zum Wort »Gott« einfällt. Grundregel ist dabei, daß nicht gesprochen, sondern nur auf einem großen Bogen Papier reihum zum Thema gemalt oder geschrieben werden darf.

Überlegt: Hat Lisa recht damit, daß man kein Bild von Gott malen darf? Lest Ex 20,4 und sprecht mit eurer Lehrerin oder eurem Lehrer darüber, wie dieses »Bilderverbot« gemeint sein könnte.

Versucht, die Geschichten herauszufinden, die in diesen Erzählbildern verborgen sind.
Folgende Fragen könnten euch dazu anregen, die Bilder zu deuten:
Wie begegnet Gott den Menschen?
Was will Gott von den Menschen, denen er begegnet?
Von welchen Erfahrungen mit Gott, die Menschen immer wieder mit ihm machen können, erzählt das Bild?

Die Menschen der Bibel sprechen von Gott in Bildern:
Gott ist für uns wie ein mächtiger Herr, wie ein Hirte, ein Freund...; er ist für uns wie ein Feuer, ein Sturm, ein Erdbeben...
Welche Erlebnisse könnten sie zu diesen Vergleichen angeregt haben? Welche anderen Vergleiche fallen dir ein, um Gott zu beschreiben?

Der Prophet Elia ist auf der Flucht. Lange Zeit hat er in Israel gegen den Aberglauben gekämpft und in seinem Volk dafür geworben, Gott allein zu vertrauen. Aber gerade aus diesem Grund trachtet ihm nun die Königin, die an Baal glaubt, nach dem Leben. Die, die den Glauben an den Gott Israels bekämpfen, gewinnen die Oberhand; ihre Macht imponiert dem Volk. Elia hat verloren! Entmutigt, voller Verzweiflung und Angst sucht er sich nach tagelangem Marsch durch die Wüste eine Höhle, um dort zu sterben. Selbst Gott scheint ihn verlassen zu haben.
Da rief ihn Gott und sprach: »Elia, komm heraus aus deiner Höhle und trete auf dem Berg vor mich hin.« Und da: ein gewaltiger Sturm tobte heran, der gegen den Berg stieß, daß Felsbrocken krachend herabstürzten. Aber Gott war nicht im Sturm. Und da: die Erde grollte und bewegte sich heftig, daß alles ins Schwanken kam, was auf ihr stand. Aber Gott war nicht im Erdbeben. Und da: ein Feuer breitete sich aus, das alles verzehrte und zu Asche verglühte. Aber Gott war nicht im Feuer. Und dann wehte ein leiser Wind, ein sanfter Hauch nur. Da verhüllte Elia sein Gesicht mit dem Mantel und trat hinaus in den Eingang der Höhle. Und Gott sprach zu ihm: »Kehre um. Gehe den Weg zurück, den du gekommen bist. Du bist nicht allein.«

nach 1. Kön. 19,1–21

In welcher Naturerscheinung hat Elia wohl Gott erwartet? Wie stellst du dir die Erscheinung Gottes bei Elia vor?
Hätten auch andere Menschen die »Stimme im Windhauch« hören können?
Was wird das Erlebnis bei Elia auslösen?

Lies dazu auch Psalm 23, S 118 oder entdecke im Kapitel »Könige in Israel«, welche Erfahrungen die Menschen dieser Zeit mit Gott gemacht haben.

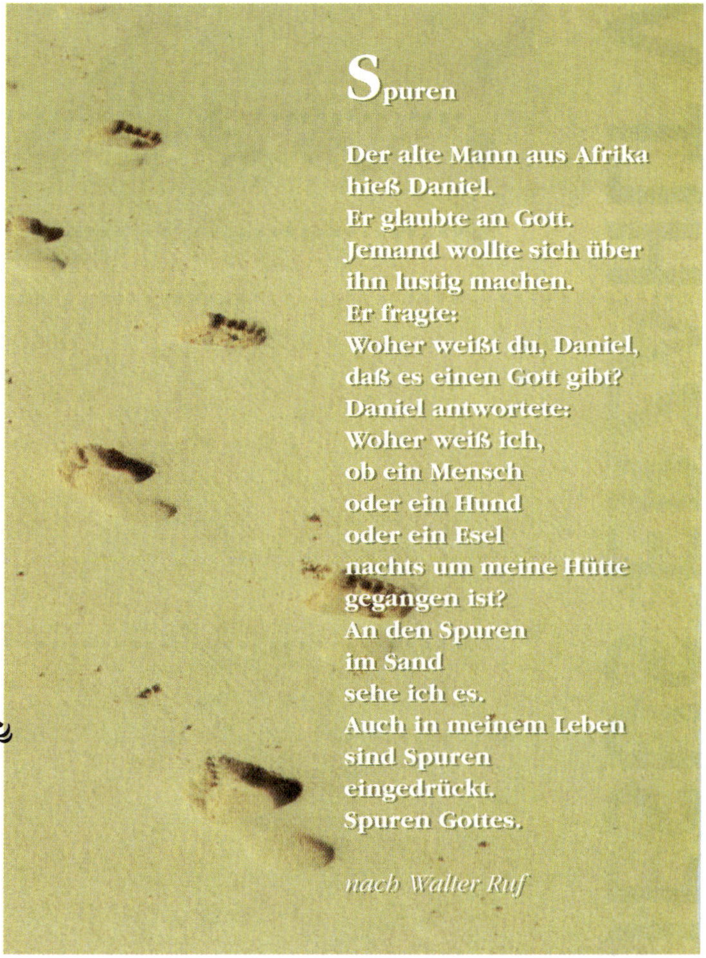

Spuren

Der alte Mann aus Afrika
hieß Daniel.
Er glaubte an Gott.
Jemand wollte sich über
ihn lustig machen.
Er fragte:
Woher weißt du, Daniel,
daß es einen Gott gibt?
Daniel antwortete:
Woher weiß ich,
ob ein Mensch
oder ein Hund
oder ein Esel
nachts um meine Hütte
gegangen ist?
An den Spuren
im Sand
sehe ich es.
Auch in meinem Leben
sind Spuren
eingedrückt.
Spuren Gottes.

nach Walter Ruf

Auf ihn ist Verlaß!

Immer wieder greift Jesus auf Vorstellungen zurück, die den Menschen seiner Zeit bekannt und vertraut waren. Wahrscheinlich fiel einigen Leuten, die diese Geschichte vom verlorenen Schaf hörten, sofort ein ganz bestimmer Psalm ein: In ihm loben die Gläubigen Gott, weil er wie ein guter Hirte für sie sorgt; andere dachten vielleicht beim Singen des Psalms daran, wie Gott sie einmal getröstet hat, als sie nicht mehr weiterwußten.

PSALM 23

Der Herr ist mein Hirte,
mir wird nichts mangeln.
Er weidet mich auf einer grünen Aue
und führet mich zum frischen Wasser.
Er erquicket meine Seele.
Er führet mich auf rechter Straße um
seines Namens willen.

Und ob ich schon wanderte im
finstern Tal,
fürchte ich kein Unglück;
denn du bist bei mir,
dein Stecken und dein Stab trösten
mich.

Du bereitest vor mir einen Tisch im
Angesicht meiner Feinde.
Du salbest mein Haupt mit Öl
und schenkest mir voll ein.

Gutes und Barmherzigkeit werden
mir folgen mein Leben lang,
und ich werde bleiben im Hause des
Herrn immerdar.

Der Herr ist mein Hirt,
nichts kann mir fehlen.

Du wirst mir nichts ersparen,
nicht den Weg durch die Wüste,
nicht den Kampf mit dem Goliath,
nicht den Platz auf dem Aschenhaufen des Hiob,
nicht den Sitz unter dem Ginsterstrauch,
nicht das babylonische Exil –

Der Herr ist mein Hirt.
Er wird mich ins Grab bringen
und wieder heraus –

Der Herr ist mein Hirt,
nichts wird mir mangeln,
nicht die Geborgenheit in der Arche Noas,
nicht das Wohnen im Zelte des Herrn.

Der Herr ist mein Hirt,
nichts wird mir fehlen.
Alles darf mir genommen werden
außer dem Vertrauen zu Ihm.

Martin Gutl

Skulptur »Hiob« von Gerhard Marcks bei der St. Klara Kirche in Nürnberg

Ein jüdischer Rabbi und seine Frau erlebten schweres Leid:

Ihr Sohn Aaron wird behindert geboren und stirbt mit 14 Jahren. Als die Eltern über das Schicksal ihres Sohnes und Gottes Liebe zu den Menschen nachdachten, schrieben sie folgendes auf: Gott offenbart seinen Widerwillen gegen Krankheit und Leid nicht dadurch, daß er sie nicht geschehen oder nur bösen Menschen widerfahren läßt, sondern dadurch, daß er gute Freunde und Nachbarn veranlaßt, die Lasten tragen zu helfen und die Leere auszufüllen. Bei Aarons Krankheit wurde die Fürsorge und das Verständnis anderer Menschen für uns eine große Hilfe: Der Mann, der Aaron einen für seine Größe richtigen Tennisschläger machte; die Frau, die ihm eine kleine Violine, ein Erbstück ihrer Familie, schenkte; die Kinder, die sein Äußeres und seine Behinderung übersahen und mit ihm Volleyball im Garten hinterm Haus spielten. Sie gingen niemals fort, ohne ihm etwas zugesteckt zu haben. Diese Menschen waren wirklich »Gottes Stimme«. Das ist seine Art, uns zu zeigen, daß wir nicht allein, nicht ausgestoßen sind…

Schreibe Psalm 23 in besonderer Schrift in dein Heft. Gestalte die Bilder des Psalms aus.
Lerne den Psalm auswendig!

Martin Gutl hat in seinem Gedicht nicht nur über das Vertrauen zu Gott gesprochen, sondern auch an die Erfahrungen von Leid und Schmerz erinnert. Dabei spielt er immer wieder auf biblische Erzählbilder an. Die dazugehörigen Geschichten findest du, wenn du folgende Stellen nachschlägst:
Hiob auf dem Aschenhaufen (Hiob 2,1–10)
Elia unter dem Ginsterstrauch (1. Kön. 19,1 ff)
Im babylonischen Exil (2. Chronik 36, 17–21)
Wohnen im Zelte des Herrn (Psalm 15)
Welche Erfahrungen macht der »Sprecher« in diesem modernen Gedicht mit Gott?

Sprecht darüber, ob Leid und Schmerz manchmal besser ertragen werden können, wenn jemand glaubt, daß Gott auch in schlimmen Stunden bei ihm ist.

Zum Weiterdenken angeregt wirst du in der Geschichte über Frau Reiner im Kapitel 3, S. 100.

EIN MANN HATTE ZWEI SÖHNE...

**Feiere mit uns,
und wir sind Freunde!**

Wie in allen alten Kulturen boten auch im Volk Israel Feste und Feiern eine willkommene Abwechslung zu einem kargen und harten Alltagsleben. Man feierte Ereignisse im Familienleben und große religiöse Feste.
Doch nicht nur der »freie Tag« war wichtig bei einem Fest. Gäste einzuladen und gemeinsam zu feiern bedeutete damals – wie auch heute noch bei vielen Nomadenvölkern – Freundschaft und Garantie für ein friedliches Miteinanderleben. Dem Gast gebührt Respekt und Schutz, er bekommt den Ehrenplatz; für ihn wird aufgetischt, was die Küche bietet, und gerade das Beste ist gut genug für ihn.

Auch im Leben Jesu spielen Feste eine große Rolle. Das NT erzählt, daß er an einem Hochzeitsfest teilgenommen hat, oft zu großen Festessen eingeladen war, oder auch privat zusammen mit seinen Begleitern und Begleiterinnen gegessen hat. Ja, manchmal wurde ihm sogar vorgeworfen, daß er so gerne feierte und sich mit ganz »unmöglichen« Menschen an einen Tisch setzte.

**Herzlich
willkommen!**

EINLADUNG

Meine lieben Freunde, Verwandten und Bekannten,
mein lieber Jussuf mit Familie!

Ruben, mein Sohn, galt lange als vermißt. Nun ist er endlich heimgekehrt! Diese große Freude möchte ich mit Euch bei einem festlichen Mahl teilen.
Kommt und seid meine Gäste am Donnerstag um 17.00!

Euer überglücklicher Jakob mit Familie

Festmahl
jemenitischer Juden

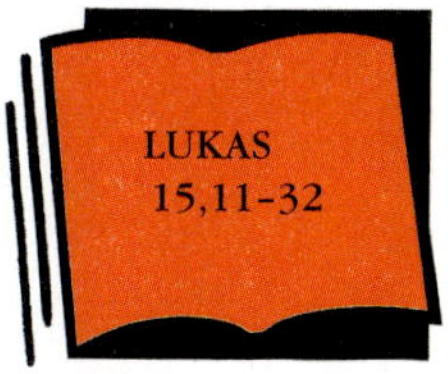

Schaut euch diese Einladung zu einem rauschenden Fest genau an und stellt euch vor, wie die Leute damals gefeiert haben könnten. Es gab Musik und Tanz, das Feinste vom Feinen zum Essen und....

Erinnert euch an den Anlaß des Festes. Versucht gemeinsam, die einzelnen Episoden der Geschichte vom verlorenen Sohn nachzuerzählen. Wenn ihr euch nicht mehr genau erinnern könnt, lest das Gleichnis in eurer Bibel nach.

Noch ist das Fest in vollem Gang! Es wird musiziert, getanzt und gelacht. Einige Gäste und Angehörige haben sich an einem Tisch zusammengefunden und sind in ein intensives Gespräch vertieft.

Schreibt oder spielt diese Unterhaltung. Welche Rolle findet ihr besonders interessant? Vielleicht die der Mutter, die sagen könnte: »Ich habe meinen Mann noch nie verstanden, aber diesmal...«, oder die des heimgekehrten Bruders, der glücklich meint....

Die Heimkehr des verlorenen Sohns

Auf diesem Muschelkalkrelief von Ingeborg Steinohrt sind beide Brüder abgebildet.

Betrachtet den älteren Bruder ganz rechts und beschreibt, was in ihm vorgeht.
Erfindet ein Gespräch, das der Vater mit seinem älteren Sohn führt, lange nachdem das Freudenfest ausgeklungen ist.

Die Künstlerin hat die rechte und die linke Szene durch eine Gestalt verbunden. Ihre Wirkung könnt ihr am besten dann erkennen, wenn ihr sie kurz mit einem Papierstreifen abdeckt und dann das Relief betrachtet. Wer könnte die Person in der Mitte sein?

Die Geschichte vom verlorenen Sohn ist ja eigentlich ein Erzählbild von Gott.
Wie möchte Jesus, daß wir uns Gott vorstellen?

Schildert eine Begebenheit, die ihr erlebt habt, wo der alte Spruch »Gnade vor Recht« gegolten hat, weil vielleicht ein Verweis nicht gegeben wurde, oder...

Diese Väter!
Auch moderne Dichter sind vom Vater und seinen beiden Söhnen fasziniert:

...der Sohn aber folgte ihm und sprach zu ihm: Vater, ich habe gesündigt gegen den Himmel und vor dir, ich bin nicht mehr wert, dein Sohn zu heißen. Erwiderte der Vater: Recht sprichst du! Mache das mit dem Himmel ab! Als du satt warst, hattest du keinen Gedanken für mich. Deine Liebe zu mir geht nur durch den Magen! Und das ist mir zu wenig. Und er befahl seinen Knechten die Tore zu schließen, auf daß sein Sohn nicht hereinkäme. Und er sagte zu seinem Weibe: Dieser unser Sohn ist tot. Er hat das vierte Gebot nicht geachtet, also soll es ihm auch nicht wohlergehen auf Erden. Und er sprach das Tischgebet und dankte dem Herrn, denn er ist freundlich und seine Güte währet ewiglich...

Wolfgang Seehaber

Der verlorene Sohn und der gütige Vater

So gut ist Gott:
Er nimmt den, der umkehrt, auf, ohne Vorwürfe, ohne zu fragen.
So groß ist Gott:
Niemanden läßt er seine Überlegenheit spüren.
So großzügig ist Gott:
Er hält niemanden zurück.
So treu ist Gott:
Er gibt niemanden auf.
So zuversichtlich ist Gott:
Er wartet auf jene, die sich am weitesten entfernt haben.
So voll Liebe ist Gott:
Allen, die sich aufmachen zu ihm, eilt er entgegen.
So verzeihend ist Gott:
Er nimmt, die versagt haben, auf, als hätten sie nicht enttäuscht.
So voll Freude ist Gott:
Er feiert für jeden, der zurückkehrt, ein Fest.
So gut ist Gott:
Die Menschen können es nicht fassen. Seine Liebe übersteigt menschliche Vorstellungen.

Vergleiche die beiden Texte. Mit welcher Absicht haben deiner Meinung nach die beiden Schriftsteller Luk. 15,11–32 neu gestaltet? Welche Erfahrungen könnten sie gemacht haben, daß sie zu so unterschiedlichen Vorstellungen von »Vater« kommen?

Wie sollen deiner Meinung nach Väter sein?

Barmherzige Eltern »modern«

Zeugnistag

Ich denke, ich muß so zwölf Jahre alt gewesen sein,
und wieder einmal war es Zeugnistag.
Nur diesmal, dacht' ich, bricht das Schulhaus samt Dachgestühl ein,
als meines weiß und häßlich vor mir lag.
Dabei war'n meine Hoffnungen keineswegs hochgeschraubt,
ich war ein fauler Hund und obendrein höchst eigenwillig. Doch trotzdem hätte ich nie geglaubt,
so ein totaler Versager zu sein,
ein totaler Versager zu sein.

So jetzt ist es passiert, dachte ich mir, jetzt ist alles aus,
nicht einmal eine Vier in Religion.
Oh, Mann, mit diesem Zeugnis kommst du besser nicht nach Haus,
sondern allenfalls zur Fremdenlegion.
Ich zeigte's meinen Eltern nicht und unterschrieb für sie,
schön bunt, sah nicht schlecht aus, ohne zu prahlen.
Ich war vielleicht 'ne Niete in Deutsch und Biologie,
dafür konnt' ich schon immer ganz gut malen,
dafür konnt' ich schon immer ganz gut malen.

Der Zauber kam natürlich schon am nächsten Morgen raus,
die Fälschung war wohl doch nicht so geschickt.
Der Rektor kam, holte mich schnaubend aus der Klasse raus
so stand ich da, allein, stumm und geknickt.
Dann ließ er meine Eltern kommen, lehnte sich zurück,
voll Selbstgerechtigkeit genoß er schon
die Maulschellen für den Betrüger, das mißratene Stück – »Diesen Urkundenfälscher, ihren Sohn!«,
»Diesen Urkundenfälscher, ihren Sohn!«

Mein Vater nahm das Zeugnis in die Hand und sah mich an
und sagte ruhig: »Was mich anbetrifft,
so gibt es nicht die kleinste Spur eines Zweifels daran,
das ist tatsächlich meine Unterschrift.«
Auch meine Mutter sagte: Ja, das sei ihr Namenszug,
gekritzelt zwar, doch müsse man verstehen,
daß sie vorher zwei große schwere Einkaufstaschen trug.
Dann sagte sie: »Komm, Junge, laß uns gehn.«
»Komm, Junge, laß uns gehn.«

Ich hab' noch manches lange Jahr auf Schulbänken verlor'n
und lernte widerspruchslos vor mich hin,
Namen, Tabellen, Theorien, von hinten und von vorn
– daß ich dabei nicht ganz verblödet bin!
Nur eine Lektion hat sich in den Jahr'n herausgesiebt,
die eine aus nur einem Haufen Ballast:
Wie gut es tut zu wissen, daß dir jemand Zuflucht gibt,
ganz gleich, was du auch ausgefressen hast,
ganz gleich, was du auch ausgefressen hast.

Ich weiß nicht, ob es rechtens war, daß meine Eltern mich da rausholten.
Und wo bleibt die Moral?
Die Schlauen diskutier'n, die Besserwisser streiten sich.
Ich weiß es nicht, es ist mir auch egal.

Ich weiß nur eins: Ich wünsche allen Kindern auf der Welt
und nicht zuletzt natürlich dir mein Kind,
wenn's brenzlig wird, wenn's schiefgeht,
wenn die Welt zusammenfällt:
Eltern, die aus diesem Holze sind,
Eltern, die aus diesem Holz geschnitten sind.

Reinhard Mey

»...das ist tatsächlich meine Unterschrift...« Welche Gründe könnten den Vater bewogen haben, seinen Sohn zu schützen? Stell dir vor, Mutter und Vater sprechen abends über den Vorfall. Schreibe ein Gespräch auf.
Wenn du möchtest, kannst du diesen Text deinen Eltern vorlesen und sie nach ihrer Meinung fragen.

Erinnere dich an Situationen, wo jemand zu dir gehalten hat, obwohl du gar nicht damit gerechnet hast. Schildere deine Gefühle!

EIN OBERZÖLLNER, EIN BAUM, EIN WORT

Schon wieder eine Einladung!

Wie ihr vielleicht wißt, hat Jesus in den letzten Jahren seines Lebens nicht immer an einem festen Ort gewohnt, sondern ist mit einer kleinen Gruppe von Freunden im Land umhergezogen. Dabei hat er immer wieder ganz unterschiedliche Menschen getroffen und mit ihnen gesprochen.

Dieses Erzählbild aus einem äthiopischen Hungertuch zeigt eine solche Begegnung.

Hungertücher sind Meditationsbilder für die Passionszeit, die oft Künstler aus fernen Ländern in ihrer Bildsprache gestalten. Sie wollen uns Christen daran erinnern, daß wir geschwisterlich in der einen Welt leben können.

Jesus ist unterwegs. Alle wollen ihn sehen, auch Zachäus, ein Zöllner. Aber er ist klein und hat keine Chance, an Jesus heranzukommen. Vielleicht läßt man ihn ja auch absichtlich nicht nach vorn, denn als Zöllner ist er beim Volk unbeliebt; schon viele Menschen hat er betrogen und sich an ihnen bereichert. Kurz entschlossen, steigt er auf einen Baum, denn er will diesen Jesus unbedingt aus der Nähe sehen... Und da passiert es:...

Wer von euch kann diese Geschichte weitererzählen? Vielleicht hilft euch das Bild dabei. Achtet auf die Augen, die Hände, die Körpergröße... Helft alle zusammen, damit ihr nichts vergeßt. Falls ihr die Geschichte noch nicht kennt, lest Luk. 19,1–10.

Wie neugeboren! Jossi ist ein jüdischer Junge und eine Neffe des berühmt-berüchtigten Oberzöllners Zachäus. Obwohl er sonst nur ungern einen Stift zur Hand nimmt, schreibt er heute an seinen Vater, der gerade auf Geschäftsreise ist, einen Brief:

Wie wird Jossis Vater reagieren? Nenne Gründe, warum er seinem Sohn den Umgang mit Zachäus verboten haben könnte. Ob er das Verbot jetzt aufhebt? Verfasse einen Antwortbrief!

Jesus hat von Zachäus nicht verlangt, daß er sich ändert. Wie erklärst du dir seine plötzliche Wandlung? Was werden seine Frau und seine Freunde dazu sagen?

Sieh dir das Bild noch einmal genau an. Erinnere dich an eine Situation, in der dich jemand von »deinem Baum« heruntergeholt hat. Manchmal geht das nur in kleinen Schritten und du brauchst viel Geduld!

Lieber Papa,

heute muß ich Dir unbedingt schreiben, denn ich habe eine sensationelle Nachricht für Dich! Stell Dir vor, mit Onkel Zachäus ist ein Wunder geschehen. Seit heute Mittag verteilt er – und jeder kennt doch seine Habgier – die Hälfte seines Vermögens an die Armen, und er verspricht allen, die er bei der Zollabrechnung betrogen hat, daß er ihnen das Vierfache zurückgibt. Angeblich hat die römische Zollbehörde bereits die Kündigung seines Zollpachtvertrages in Händen. Keiner versteht das, und einige behaupten sogar, er sei völlig übergeschnappt – aber seit dieser Rabbi Jesus in seinem Haus zu Gast war, soll Onkel Zachäus ganz verändert sein. Sein Diener Aaron erzählt, sein Herr sei fröhlich und heiter, einfach ein ganz anderer Mensch; Mutter meint, ihr Bruder sei jetzt ganz bestimmt kein Römerfreund und Sünder mehr und ich dürfe ihn wieder besuchen – aber nur, wenn Du es erlaubst. Bitte Papa, sag ja! Ich möchte so gerne erfahren, warum Onkel Zachäus so verändert ist.

Viele liebe Grüße
Dein Jossi

Manchmal bin ich Zachäus – manchmal du

Wunder des Alltags

Manchmal, da habe ich eine Angst.
Manchmal, da habe ich einen Zorn.
Manchmal, da habe ich eine Wut.

Manchmal, da habe ich keine Freunde.
Manchmal, da habe ich kein Vertrauen.
Manchmal, da habe ich keinen Mut.

Aber manchmal,
da kommt plötzlich jemand
und fragt mich: »Komm du, geht's dir nicht gut?«

Hans Manz

Sammelt Bilder, die ihr jeweils diesen beiden Zeichnungen zuordnen könnt.
Gestaltet dann eine Collage! Arbeitet mit zwei Bildhälften, um die Gegensätze zu verdeutlichen.
Wir gehören zusammen: Den/die können wir überhaupt nicht leiden

»Ich habe schon so vieles versucht, aber sie mögen mich einfach nicht!« Sprecht darüber, warum jemand aus der Gruppe ausgeschlossen wird. Wie müßte er/sie sich ändern, um Anschluß zu finden? Haltet ihr eine solche Veränderung für möglich? Berichtet über eigene Erlebnisse.

Wenn ihr mehr zu diesem Problem wissen wollt, dann blättert zurück zum Kap. 2.

EINEM GEHEN DIE AUGEN AUF

Nie wieder sehen können?

Der 13-jährige Beer hatte einen schweren Unfall und wacht nach langer Bewußtlosigkeit in der Klinik auf.

Berend lag jetzt ganz still. Er versuchte, sich vorzustellen, was nach der Schule passiert war.
Goof hatte dem Ball einen Stoß versetzt... Ja, gleich darauf mußte das Unglück passiert sein. Hatte ihn ein Auto erwischt? Dann hab' ich Glück gehabt, dachte Beer, denn an seinem Körper war noch alles ganz. War er nicht vielleicht mit dem Kopf durch die Windschutzscheibe geflogen? Hatte er deshalb den Verband um den Kopf? Und dann durchzuckte ihn plötzlich ein schrecklicher Gedanke, der aller Unsicherheit und allem Zweifel ein Ende setzte.

Es gibt Dinge, die Kinder manchmal ganz plötzlich mit großer Bestimmtheit wissen; Gedanken, die aus dem Nichts auftauchen und deren Richtigkeit mit absoluter Gewißheit gefühlt wird. Wenn sie auch keinen einzigen Beweis liefern können, so erkennen sie doch die Wahrheit – mit einer Art Hellsichtigkeit, die den meisten Erwachsenen verlorengegangen ist.
Solch ein Moment der Sicherheit, solch ein Augenblick der Wahrheit war für Berend Ligthart gekommen. Er erinnerte sich auf einmal, daß er in seinen Schmerzen und Traumbildern etwas gerufen hatte. Er hörte wieder seine ängstliche Stimme: »Meine Augen! Wo sind meine Augen!«
Und plötzlich begriff er mit unerbittlicher Klarheit, daß er die blonde Schwester Wil nie wirklich sehen würde. Daß er auch seine Eltern, Annemiek, die Schule und seine Freunde nie mehr sehen würde. Nie mehr würde er sich an einem Fußballspiel, am Fernsehen oder an einem Strauch in sanftgrüner Frühlingspracht erfreuen können. Die Sonne würde für ihn nie mehr aufgehen. Darüber gab es keinen Zweifel mehr, nur noch Sicherheit.
»O Gott, ich bin blind geworden«, flüsterte Beer entsetzt, und er wußte nicht, wie er damit fertigwerden sollte. [...]

Es dauerte eine geraume Zeit, ehe die Schwester zurückkam. So hatte Beer Gelegenheit, in Ruhe zu verarbeiten, was er sich eben klargemacht hatte. Einfach war das nicht. In der dunklen Welt unter dem Verband flatterten alle möglichen Gedanken und Bilder wie ein Schwarm unruhiger Zugvögel durcheinander.
Blind! Er erinnerte sich des Mannes mit der dunklen Brille und dem weißen Stock, der sich in einer engen Ladenstraße so hilflos vorwärts getastet hatte. Genauso würde er von nun an seinen Weg suchen müssen, zu Hause, in der Schule oder wo auch immer. Für den Rest seines Lebens würde er von anderen abhängig sein. Beer ballte zornig die Fäuste, besann sich jedoch: War nicht jeder von anderen Menschen abhängig?
Blind! Plötzlich packte ihn Angst. Würden sie ihn in eine Blindenanstalt schicken? Nein, das konnte nicht sein. [...]

Schritte auf dem Korridor. Das leise Öffnen der Tür. Die Stimme von Schwester Wil: »Da bin ich wieder, Berend!« Irgend etwas wurde auf das Tischchen – oder war es ein Schränkchen – neben seinem Bett gestellt.
»Schwester?«
»Ja?«
»Ich bin doch blind, nicht? Für immer!«

Einen Augenblick lang blieb es still. Beer hörte, wie die Schwester Luft holte. Er hoffte inständig, sie würde ihm eine ehrliche Antwort geben. Die Wahrheit war besser zu ertragen als Ungewißheit und falsche Hoffnung. [...]
»Ja«, sagte sie, und Beer fühlte wieder ihr kühle Hand auf seinem Arm. »Deine beiden Augen sind so schwer verletzt, daß du wahrscheinlich nie mehr wirst sehen können.«
»Ich danke ihnen«, sagte Beer. Er war wirklich dankbar, daß sie keine Ausflucht versucht und ihn nicht mit einer halben Antwort im ungewissen gelassen hatte. War es nicht merkwürdig, daß Schwester Wil in seinen Augen ein phantastischer Kerl war, obwohl er sie noch nie gesehen hatte? »Ich hab' hier dein Frühstück. Ein Ei, Butterbrot und einen Zwieback mit Marmelade. Wollen wir mal versuchen, ob wir zusammen etwas runterkriegen?«

Jaap ter Haar

(Lest die Geschichte weiter auf S. 132)

Versetzt euch in die Lage des blinden Beer. Wie wird sich sein Leben weiter gestalten? Welche Schwierigkeiten werden auf ihn und seine Familie zukommen? Welche Fähigkeiten wird er entwickeln müssen?
Ihr könnt auch ein Experiment durchführen: Geht in Zweiergruppen zusammen, wobei jeweils einem von den beiden »Spielern« die Augen verbunden werden. Der Sehende führt den »Blinden« sorgsam im Raum umher. Nach fünf Minuten wird gewechselt. Sprecht nach der Übung über eure Empfindungen und Erfahrungen.

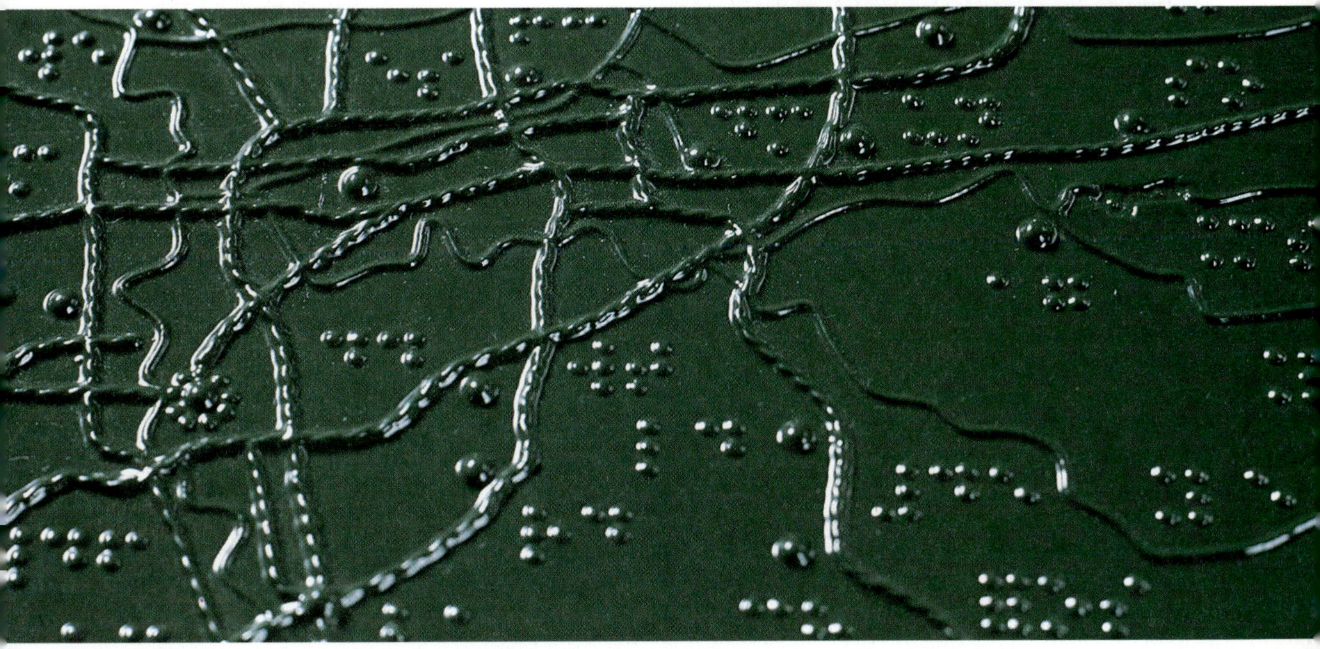

Ausschnitt aus der Autobahn,- und Straßennetzkarte für Blinde, Nordrhein-Westfalen

einen blinden Fleck haben

das Licht der Welt erblicken

Vorsicht!

ansehen

er hat seine Augen für immer geschlossen

mir gehen die Augen auf

mit Blindheit geschlagen

Sein Blick geht mir durch und durch

Ergänzt das Wortfeld und ordnet die Sprichwörter und Redensarten den Begriffen aus der Überschrift zu.
Was bedeutet »sehen können« bzw. »blind sein« auch im übertragenen Sinn für einen Menschen?

Der blinde Bartimäus

Und sie kamen nach Jericho. Und als er aus Jericho wegging, er und seine Jünger und eine große Menge, da saß ein blinder Bettler am Wege, Bartimäus, der Sohn des Timäus. Und als er hörte, daß es Jesus von Nazareth war, fing er an, zu schreien und zu sagen: Jesus, du Sohn Davids, erbarme dich meiner! Und viele fuhren ihn an, er solle stillschweigen. Er aber schrie noch viel mehr: Du Sohn Davids, erbarme dich meiner! Und Jesus blieb stehen und sprach: Ruft ihn her! Und sie riefen den Blinden und sprachen zu ihm: Sei getrost, steh auf! Er ruft dich! Da warf er seinen Mantel von sich, sprang auf und kam zu Jesus. Und Jesus antwortete und sprach zu ihm: Was willst du, daß ich für dich tun soll? Der Blinde sprach zu ihm: Rabbuni, daß ich sehend werde. Jesus aber sprach zu ihm: Geh hin, dein Glaube hat dir geholfen. Und sogleich wurde er sehend und folgte ihm nach auf dem Wege.

MARKUS 10, 46–52

Welche Stelle aus dem Text entspricht dem Bild von Kees de Kort?

Versucht, euch in die Lebensgeschichte dieses Blinden aus Jericho einzufühlen und seine Vergangenheit zu skizzieren. Laßt Bartimäus selbst zu Wort kommen, indem ihr ein Rollenspiel entwerft, das Klagelied des Bartimäus aus Jericho dichtet oder Bartimäus zum Interview bittet.

Jesus reagiert auf den Ruf des Bartimäus und schenkt ihm seine »Sehkraft« wieder. Hat Bartimäus selbst etwas zu seiner Heilung beigetragen? Wie versteht ihr diesen Bericht?

Beer hat von einem schwerkranken Studenten, den er während seines Klinikaufenthaltes kennengelernt hatte, einen Brief und eine alte Uhr als Andenken geschenkt bekommen.

Erst später, viel später, erkannte Beer, daß der Brief des Studenten eine große Veränderung bewirkt hatte. Der Brief und die Uhr hatten dem Selbstmitleid Beers ein Ende gemacht. War es da nicht kurzsichtig, sich nur mit den eigenen Problemen zu beschäftigen?
Und noch viel später begriff Beer, daß er mit diesem Brief eine Schwelle überschritten hatte. Von diesem Augenblick an trat er dem Leben stärker und bewußter entgegen: nicht länger als Behinderter, auf den jedermann Rücksicht nehmen mußte, sondern als ganz normaler Mensch, der sich nicht in die Ecke stellen ließ.

Natürlich mußte er sich manchmal gegen die Außenwelt wehren, die ihn nur zu oft »bedauernswert« fand. Das wurde ihm noch am gleichen Tag klar, als Frau De Reus ihn in einem mitleidigen Ton anredete: »Ach Beer, du, wie geht's denn jetzt? Ich finde es schrecklich für dich, daß du blind bist. Furchtbar!«
Was sollte man darauf antworten? »Ich bin lieber blind als dumm«, hatte Beer geantwortet, obgleich das auch nicht gerade nett klang.

Allmählich lernte er es, mit einem Scherz zu antworten: »Ich lebe in blindem Vertrauen. Das kann nicht jeder.«
Natürlich gab es auch Augenblicke, in denen Pessimismus die Oberhand gewann. Glücklicherweise schlug dann jede halbe Stunde die Uhr des Studenten. »Mach was draus!« hieß das, und Beer richtete sich meist von selbst wieder auf. So kämpfte er mit sich selber.

Lauftraining sehbehinderter Jugendlicher

?

Wodurch erfährt Beer Ermutigung und Hoffnung, obwohl er nach den Aussagen der Ärzte blind bleiben wird?

Bringt eigene Ideen ein, wie jemand Beer helfen könnte, wenn er verzweifelt ist.

Blinde bleiben blind

Text: Hans-Jürgen Netz, Melodie: Ludger Edelkötter, Rechte: Impulse-Musikverlag, Drensteinfurt

MATTHÄUS 7,3

Ein Phantasiespiel

Mit einer Brille kann man klarer sehen. Man sieht plötzlich, was man ohne Brille vielleicht über-sehen hätte. Bartimäus hat keine neue Brille, aber neue Augen: Er sieht alles in einem ganz neuen Licht! Etwas neu sehen, genauer hinsehen – hat das etwas mit Heilung zu tun?

Findet es selbst heraus!
Malt verschiedenfarbige Brillen in euer Heft und überlegt, wo ihr besonders scharf sehen wollt:

Z.B. Die gelbe – die Sonnen-Freundschaftsbrille:
Sieh genau hin! Wer meint es gut mit dir? Auf wen kannst du dich verlassen? Wem könntest du deine Zuneigung deutlicher zeigen?
die pinkfarbene – die Verständnisbrille:
Sieh genau hin! Jeder hat gute Seiten. Jeder tut etwas, das man loben kann!

die grüne – die Ökobrille:
Sieh genau hin! Was ist in deiner Familie/deiner Gemeinde/deinem Stadtteil schon gut gelöst? Wo kannst du dich engagieren?

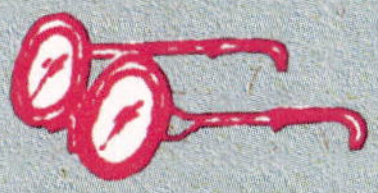

Aber hüte dich vor der Super-Vergrößerungsbrille!
Sieh nicht so unbarmherzig genau hin! Sieh dich zuerst selber an, ehe du andere betrachtest und beurteilst.

TOD, WO IST DEIN STACHEL?

»Wenn ich mal tot bin...«

Schüler und Schülerinnen in eurem Alter haben zu diesem Thema Bilder gemalt und Gedanken, die ihnen dabei kamen, aufgeschrieben. Dunkle und helle Bilder sind dabei entstanden, frohe und sehr traurige.

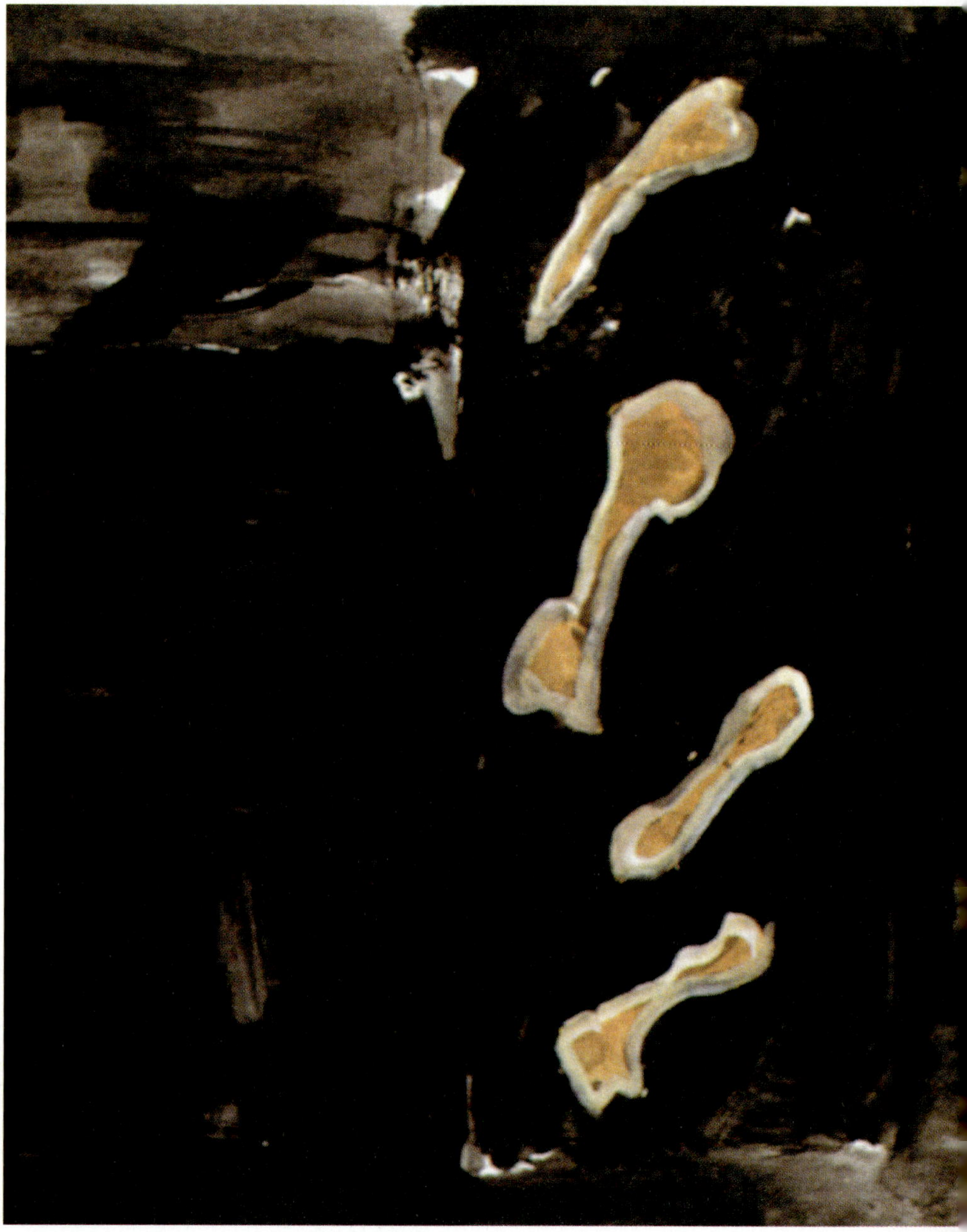

Uli B: Wenn ich ins Grab falle, denke ich, daß ich in tausend Fetzen zerfalle. (Bild links)

Timo K: Wenn ich ins Grab falle, falle ich ins Nichts, aber immer noch auf eine Art Straße. (Bild unten)

Wie denkt ihr über den Tod? So wie Uli, Timo und Peter (s.S. 140) oder ganz anders?

Es ist zwar nicht ganz einfach, aber: Malt euer eigenes Bild zu diesem Thema und gestaltet mit Farben eure Vorstellungen.

Eure Bilder können euch helfen, in der Klasse über eure Ängste und Hoffnungen zu sprechen. Nehmt euch vor, einander besonders gut zuzuhören!

Überlegt dabei, aus welchem Anlaß ihr schon einmal über den Tod nachgedacht habt. Sicher habt ihr längst gespürt, daß viele Menschen nicht besonders gern über das Thema »Tod« sprechen. Falls ihr wissen wollt, wie Erwachsene darüber denken, stellt doch einen kleinen Fragebogen zusammen.

Lies dazu in deiner Bibel die Geschichte von der Tochter des Synagogenvorstehers Jairus: Mark. 5,21–24 und 35–43.

Gestalte die drei Schauplätze, die diese Wundererzählung gliedern, in deinem Heft und schreibe dazu, was die handelnden Personen denken oder sprechen.
Beschreibe genau, wie Jesus in der 3. Szene handelt, und wie die Augenzeugen und die Leute vor dem Haus darauf reagieren.

Jesus hat viele Menschen geheilt! Warum bekämpft er nun sogar den Tod? Wie denkst du darüber? Erinnere dich, wie es Jesus selbst erging!

Mädchen steh auf!

Blinde sehen, Lahme gehen, laufen und tanzen wieder – das können wir uns mit viel Phantasie ja noch irgendwie vorstellen, aber daß für Jesus nicht einmal der Tod eine endgültige Sache ist, das ist schwer zu verstehen.

Das Marmorrelief rechts schmückt einen frühchristlichen Steinsarg aus dem 4. Jh. n. Chr. Was meint ihr, warum wählten die Angehörigen gerade das Bild von der Erweckung der Tochter des Jairus aus?

Talitha kumi – Mädchen, stehe auf

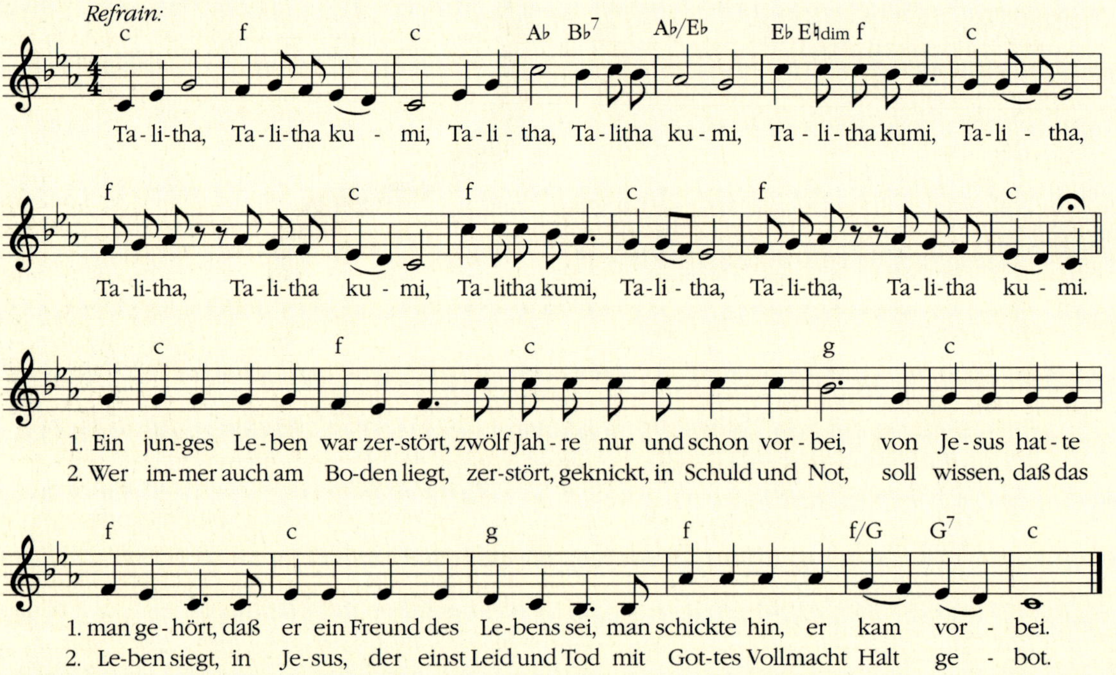

Text: Bruno Rosenwick, Melodie: Manfred Karduck

Der reiche Syrer Tatian sucht Hilfe in Trauer und Not

Etwa zwanzig Jahre, nachdem Jesus in Kapernaum gepredigt und gewirkt hatte, kam ein vornehmer Syrer namens Tatian in dieses Fischerdorf. Er war nur wegen einer Geschichte hierher gereist. In seiner Heimatstadt Antiochien hatte er Christen kennengelernt, die ihm von Jesus Christus erzählt hatten. Eine dieser Geschichten handelte von einem Mädchen in Kapernaum, das gestorben und von Jesus mit einem einzigen Wort wieder ins Leben zurückgerufen worden war.
Diese Geschichte erschien Tatian wie ein phantastisches Märchen. Dennoch ließ sie ihn nicht in Ruhe. Denn vor kurzem war sein ältester Sohn, ein achtjähriges Kind gestorben. Über diesen Verlust kam er nicht hinweg. Ständig mußte er sich vorstellen, wie es gewesen wäre, wenn dieser Christus sein Haus betreten und sein Kind ins Leben zurückgeholt hätte. Diese quälenden Gedankenbilder ließen ihn einfach nicht mehr los. Deshalb hatte er die Strapazen einer beschwerlichen Kamelreise von Antiochien nach Kapernaum auf sich genommen. Er mußte unbedingt Näheres über diese Geschichte erfahren.

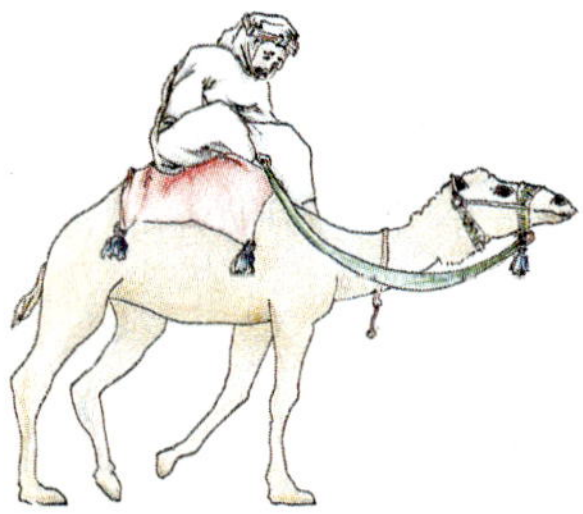

Dort angekommen, suchte Tatian zunächst den Synagogenvorsteher auf. Bescheiden erkundigte er sich nach Jairus – dem Vater des Mädchens, dem Jesus das Leben zurückgegeben haben sollte. Das Gesicht des Synagogenvorstehers verfinsterte sich bei dieser Anfrage, und nur unwillig gab er Auskunft: »Jairus war mein Vorgänger. Aber wir mußten ihn aus der Synagoge ausschließen, denn er verkehrte mit dem Irrlehrer Jesus. Nach dessen Hinrichtung schloß er sich den Anhängern dieses Mannes an. Das konnten wir nicht dulden und setzten ihn als Vorsteher ab. Bald darauf ist er von hier weggezogen!«
Am Abend setzte er sich in die Schankstube des Gasthauses, wo er ein Zimmer genommen hatte. Männer aus dem Dorf waren dort zusammengekommen. Eliud, der Schmied, führte das große Wort. Tatian wurde nach Herkunft und Reiseziel gefragt. So konnte er das Gespräch auf Jairus und dessen Tochter bringen.

Eliud polterte los: »Ich weiß schon, daß die Christen eine solche Geschichte erzählen. Aber sie haben aus einer Mücke einen Elefanten gemacht. Ich erinnere mich gut an das Mädchen. Es war viel krank und klagte ständig über irgendwelche Schmerzen. Aber es wollte nur, daß ihm jeder seine Aufmerksamkeit schenkte. Der Vater ließ viele berühmte Ärzte kommen, aber ohne großen Erfolg. Deshalb versuchte es Jairus auch mit Jesus, dem Wunderheiler aus Nazareth. Der kam und richtete freundliche Worte an das Mädchen. Von da an ging es ihr wieder einige Wochen besser, aber dann kränkelte sie wieder. Bei der Geburt ihres ersten Kindes ist sie gestorben. Jairus hat sich später den Christen angeschlossen, und wir mußten ihn von seinem Amt abwählen.«
Naasson, der Fischer, hatte die Geschichte anders in Erinnerung: »Das Mädchen war wirklich schwer krank. Es lag ganz bleich auf dem Bett und atmete kaum noch. Da kam Jesus herein, legte ihm die Hand auf, sprach seine Zauberformel, und das Mädchen wurde sofort wieder gesund.«

Auch Naasson hatte von einer Krankheit, nicht vom Tod des Mädchens erzählt. Deshalb fragte Tatian nach: »War das Mädchen denn nicht schon tot?« Naasson wehrte ab: »Ich weiß, die Christen übertreiben, wenn sie diese Geschichte erzählen. Das Mädchen war nicht tot, es war nur sehr schwer krank!«

Die Männer stritten noch weiter über Einzelheiten der Geschichte. Tatian merkte, daß sie ihm nicht mit Sicherheit sagen konnten, was an der Geschichte wahr sei. Sie waren allerdings keine Christen. Sollte er jetzt noch Christen aufsuchen und sie über die Geschichte befragen? Denn die behaupteten ja, das Mädchen sei bereits tot gewesen, als Jesus zu ihm kam. Brachte ihn das einen Schritt weiter?

Trotzdem machte er sich am anderen Morgen auf den Weg nach Nazareth, wo viele Christen leben sollten. Gegen Abend – schon in der Nähe des Dorfes – führte ihn sein Weg am Abhang eines Hügels vorbei, in welchen eine Grabhöhle eingehauen war. Vor dem Eingang stand trauernd eine Gruppe von Menschen um einen Kindersarg. Wie von einem Magnet angezogen, hielt Tatian an, stieg vom Kamel und näherte sich der Gruppe. Einige weinten leise vor sich hin. Deutlich trat ihm wieder die Grablegung seines eigenen Kindes vor Augen. Einer der Anwesenden sprach ein Gebet und forderte die anderen auf, nicht traurig zu sein wie die Heiden, die keine Hoffnung haben; Sie sollten auf Christus vertrauen, der die Toten zum Leben erwecken werde. Tatian hörte, daß er es mit Christen zu tun hatte. Der Sarg wurde in eine Nische der Höhle geschoben, und die Trauernden wandten sich zum Gehen. Jetzt erst bemerkten sie den Fremden. Einer begrüßte ihn: »Wir danken dir Fremdling, daß du an unserer Trauer Anteil nimmst.«
Tatian war noch ganz in der Erinnerung an seinen eigenen Schmerz gefangen: »Es fällt euch Christen auch schwer, ein Kind zu verlieren. Warum hat euer Gott es nicht auferweckt, wie er es angeblich mit dem Kind des Jairus gemacht hat?« »Ich weiß es nicht«, antwortete der Gefragte. Aber eines weiß ich: Das Wort, das Jesus damals im Trauerhaus des Jairus gesprochen hat, gilt auch mir. Warum weint ihr? Das Kind ist nicht gestorben, es schläft. Unser Kind schläft, und der Herr wird es auferwecken, so wie er uns auferwecken wird.«

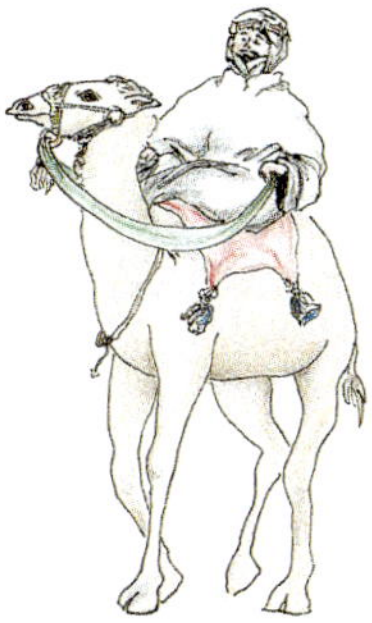

Diese Antwort gab Tatian zu denken. Für die Christen war an dieser Geschichte also noch etwas anderes wichtig als die Frage, was sich denn damals im Haus von Jairus abgespielt hatte. Sie hörten aus ihr das Versprechen Gottes heraus, daß ihr Kind auch nach dem Tod leben werde. War dieser Glaube nicht vielleicht ein Ausweg aus dem Schmerz über den Verlust des eigenen Sohnes? Tatian kehrte nach Antiochien zurück. Aber in seiner Trauer um sein verstorbenes Kind war etwas anders geworden.

Versucht zu erklären, was sich nach der Begegnung mit den Christen für Tatian verändert hat.

Viele Christen leben in der Hoffnung, daß mit dem Tod nicht alles aus ist. Worauf gründen sie ihre Zuversicht?

Jeder bleibt in Gottes Hand

Ein zehnjähriges Mädchen ist bei einem schweren Verkehrsunfall ums Leben gekommen. Der Vater spricht mit den erschütterten Mitschülern und Mitschülerinnen seiner Tochter:

»Angenommen, ihr findet am Straßenrand ein fluglahmes Vögelchen – was macht ihr da mit den Händen?«
Da zeigten sie alle, wie sie es in die Geborgenheit ihrer Hände hineinnehmen und zusehen, was passiert. Danach nehmen sie es vielleicht von der einen in die andere Hand, streicheln es und schauen, ob es wieder zu fliegen anfängt.
Der Vater erklärt, was dieses Tun für ihn bedeutet: »Schaut Euch an, wie ihr dieses kleine flaumige Vögelchen in Eurer Hand schützt und behutsam in die andere Hand hinüberbettet: Für mich ist das ein Bild für unser Leben jetzt und für das Leben nach dem Tod; ein Bild, wie geborgen wir uns in Gottes Hand fühlen dürfen. Wenn wir sterben, werden wir sacht von der einen Hand Gottes in seine andere hinübergenommen. Ob im Leben hier oder im Leben nachher – immer bleibt der Mensch in einer Hand Gottes.«

Peter B.: Ich stelle mir vor, daß, wenn ich tot bin, ich bei Gott wieder aufwache.

DAS HIMMELREICH IST WIE...

Viele, viele Wünsche und Träume...

Schöne, neue Welt

Ich wünsche mir...

Mein persönlicher Wunschzettel

Wunschzettel für jemanden, den ich liebhabe

Wählt einen Wunschzettel und füllt ihn sorgfältig aus!

Vergleicht eure Wunschzettel und diskutiert darüber, welche Wünsche wichtig für euch sind.

Überlegt, ob Jesus einen dieser Wünsche erfüllt hat!

Nicht im Himmel, sondern auf der Erde!

Die Menschen zur Zeit Jesu hatten auch ihre Träume: ein Leben mit Gott und nach Gottes Willen, Frieden im eigenen Land, Gerechtigkeit zwischen Arm und Reich; Arbeiten und Feiern, Spielen und Lachen; einfach ein gesundes, langes Leben genießen!

Sie gaben dieser Hoffnung einen Namen: »Reich Gottes« oder »Himmelreich« sagten sie, wenn sie miteinander darüber redeten. Jeden Tag beteten sie darum, daß diese neue Welt des Friedens endlich Wirklichkeit würde – nicht im Himmel, sondern hier auf der Erde. Manche, die Jesus erlebten, wie er Kranke heilte, Traurige tröstete und von der Liebe Gottes erzählte, sagten: »Jetzt ist unsere Hoffnung erfüllt! Jetzt ist es angebrochen, das Reich Gottes!«

Doch die anderen meinten: »Wie könnt ihr vom Reich Gottes sprechen! Einige Kranke hat er geheilt, zugegeben, aber die vielen anderen leiden und sterben weiter! Die Kriege hat er nicht abgeschafft, die Römer nicht vertrieben, und die Armen sind immer noch arm! Wenn das Reich Gottes wirklich kommt, wird man das ganz anders merken – da könnt ihr sicher sein.«
Und selbst die Jünger waren manchmal mit ihrer Geduld am Ende. Wo blieb die große Veränderung? Warum zeigte Jesus es den Leuten nicht? Warum ließ er sich verspotten – und schließlich gefangennehmen und töten? Wenn er nun doch nicht recht hätte?

Jesus antwortete ihnen allen – wie so oft – mit einer Geschichte:

Das Gleichnis vom Senfkorn

Bevor ihr Matth. 13,31–32 lest, schaut euch doch so ein kleines Samenkorn einmal genauer an.

Das Senfkorn, von dem Jesus erzählte, findet man allerdings nur in Palästina. Es handelt sich um das Samenkorn des wilden Senfstrauchs, das nur einen Millimeter groß ist und deshalb seit alten Zeiten als das kleinste aller Samenkörner gilt.

Alle, die Jesus zuhörten, kannten diese winzigen Samenkörner. Heute ist das oft ganz anders. Deshalb lohnt es sich, über so ein kleines, in die Erde gelegtes Samenkorn nachzudenken:

Hier in meiner Hand liegt ein Senfkorn. Winzig ist es, rund und hart. Wenn ich nicht aufpasse, gleitet mir das Kügelchen unbemerkt durch die Finger.
Und doch – in diesem kleinen Samenkorn liegt die Kraft der Würze, die den Geschmack alltäglicher Speisen verändert und die Kraft der Heilung, wie wir in alten Büchern noch nachlesen können.
Seine eigentliche Stärke entfaltet das Senfkorn aber erst, wenn wir diesen kleinen runden Samen in die Erde legen. Einige Zeit bleibt er dort ganz still und ruhig liegen, doch dann sprengt er seine schützende Hülle. Der kleine Keimling wächst und schiebt sich ans Licht. Im Wechsel von Sonne und Regen wird aus dem winzigen Pflänzchen in ganz kurzer Zeit ein großer drei Meter hoher Strauch. An vielen starken Zweigen entfaltet er seine Blätter, die in der Hitze wohltuenden Schatten spenden. Auch die Vögel haben den großen Strauch für sich entdeckt: In seinem dichten Laubwerk verstecken sie ihre Nester.

MATTHÄUS
13, 31-32

Warum fiel es den Zuhörern Jesu so leicht, die Geschichte vom Samenkorn zu verstehen?
Welche Aussagen über das Reich Gottes könnt ihr entdecken?
Könnte das Gleichnis vom Senfkorn den Jüngern auch geholfen haben, das Leiden und Sterben Jesu besser zu verstehen? Wie ist eure Meinung dazu?

Schreibt folgende Teilsätze in euer Heft ab und ergänzt sie:
Jesus wollte seinen Freunden und Freundinnen mit diesem Gleichnis zeigen, daß das Reich Gottes jetzt...
Das Gleichnis stärkt unsere Hoffnung, daß das Reich Gottes am Ende...
Wenn die Zuhörer Jesu über diese Geschichte nachdachten, dann...
Wir können heute manchmal erleben, daß das Reich Gottes...

Wir verkaufen nur den Samen

Er betrat einen Laden.
Hinter der Ladentheke sah er einen Engel. Hastig fragte er ihn:
»Was verkaufen Sie, mein Herr?«
Der Engel gab ihm freundlich Antwort:
»Alles, was sie wollen.«
Der junge Mann sagte:
»Dann hätte ich gerne:
- das Ende der Kriege in aller Welt,
- immer mehr Bereitschaft, um miteinander zu reden,
- Beseitigung der Elendsviertel in Lateinamerika,
- Ausbildungsplätze für Jugendliche,
- mehr Zeit der Eltern, um mit ihren Kindern zu spielen,
- und, und...«

Da fiel ihm der Engel ins Wort und sagte:
»Entschuldigen Sie, junger Mann, Sie haben mich verkehrt verstanden. Wir verkaufen keine Früchte hier, wir verkaufen nur den Samen.«

Anonym

Vergleicht eure Wunschzettel mit der »Einkaufsliste« des jungen Mannes in der Erzählung.

Wie könnte der »Samen« zu den Wünschen des jungen Mannes aussehen?

Denkt euch konkrete »Samenbeispiele« zu euren Wunschzetteln aus!

Kleines Senfkorn Hoffnung

2. Kleiner Funke Hoffnung, mir umsonst geschenkt: werde ich dich nähren, daß du überspringst. daß du wirst zur Flamme, die uns leuchten kann. Feuer schlägt in allen, allen, die im Finstern sind.

3. Kleine Münze Hoffnung, mir umsonst geschenkt: werde ich dich teilen, daß du Zinsen trägst, daß du wirst zur Gabe, die uns leben läßt, Reichtum selbst für alle, alle, die in Armut sind.

4. Kleine Träne Hoffnung, mir umsonst geschenkt: werde ich dich weinen, daß dich jeder sieht, daß du wirst zur Trauer, die uns handeln macht, leiden läßt mit allen, allen, die in Nöten sind.

5. Kleines Sandkorn Hoffnung, mir umsonst geschenkt: werde ich dich streuen, daß du manchmal bremst, daß du wirst zum Grunde, der uns halten läßt. Neues wird mit allen, allen, die in Zwängen sind.

KAPITEL 5....

Glauben erleben – Leben entdecken

LISA MACHT EINE ÜBERRASCHENDE ENTDECKUNG

Lisa besucht ihre Cousine, deren kleiner Sohn Patrick noch nicht ganz ein Jahr alt ist. Er sitzt auf dem Schoß seiner Mutter und schaut Lisa lange unverwandt an. Plötzlich legt er seinen Kopf zurück, lächelt breit und produziert mit offenem Mund ein seltsam gurrendes Geräusch. Dabei läßt er Lisa nicht aus den Augen. Die ist ganz fasziniert. »Schau nur«, fordert sie ihre Cousine auf, »schau nur, was er macht. Ich glaube, er flirtet mit mir.« Die Cousine lacht: »Ja, das kann er. Er findet immer eine Möglichkeit, auszudrücken, wie er sich fühlt oder was er anderen mitteilen möchte. Ich verstehe ihn auch gut, wenn er laut aufschreit oder leise vor sich hinbrummelt, wenn er die Arme ausstreckt, mit den Füßen zappelt oder das Gesicht beleidigt zur Seite dreht.« »Wahnsinn!« Lisa schüttelt den Kopf: »Er kann sich ausdrücken, ohne zu reden!« »Aber das tun wir Erwachsenen doch auch oft«, sagt die Cousine ganz spontan.

Schildert, wie und warum Menschen sich ohne Worte ausdrücken und einander verständlich machen können.

Überlegt mit eurem Banknachbarn/eurer Banknachbarin, wie eine kleine Szene ohne Worte aussehen könnte und spielt sie den anderen vor.

Jeder Mensch verfügt über viele Möglichkeiten, das, was ihn bewegt, auch auszudrücken und anderen mitzuteilen. Manchmal geschieht das ganz spontan, manchmal auch bewußt und überlegt. Meistens wird man dabei von anderen ganz mühelos verstanden, weil es eine »Sprache ohne Worte« gibt, die jeder kennt. Wir haben zum Beispiel gemeinsame Ausdrucksformen für Freude oder Trauer, für Bitten, Trösten, Drohen, Lieben oder Nachdenken.

Auf der Bildseite siehst du Menschen, die an Gott glauben. Verstehst du ihre »Sprache ohne Worte«?

Welche Ausdrucksformen sind neu für dich?
Welche kennst du noch, die hier nicht abgebildet sind?

Kann man im Glauben an Gott auf Worte ganz verzichten?

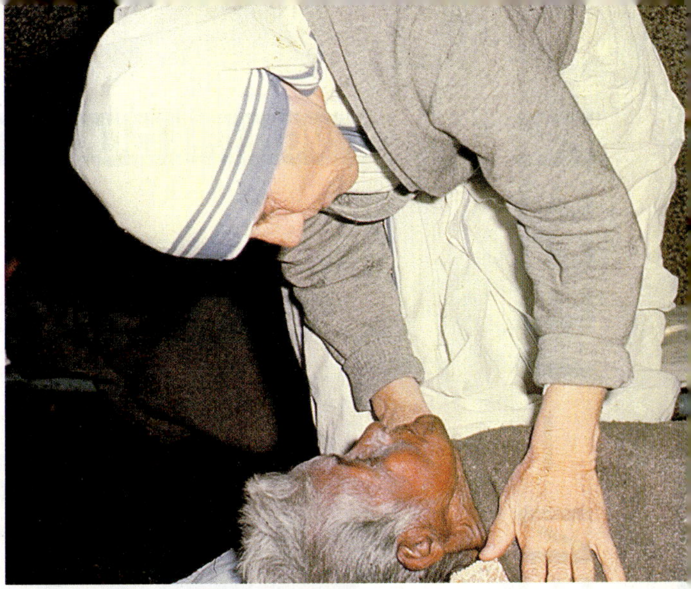

Viele Jahrhunderte vergingen, bis diese verschiedenen Schriften gesammelt und in einem Buch zusammengefaßt worden waren:

Zeit der mündlichen Überlieferung

Vor mehr als 3000 Jahren zogen Nomadenstämme mit ihren Herden in Palästina von einem Weideplatz zum anderen. Sie erlebten bittere Not, aber oft auch überraschende Hilfe. Sie vertrauten ihrem Gott. Sie erzählten von ihm, wenn sie von sich erzählten. Wahrscheinlich war Abraham einer von ihnen.

Hirte mit Herde um 1800 v. Chr.

Weil sie für ihre Herden zu wenig Futter fanden, wichen einige dieser Stämme immer wieder nach Ägypten aus, wo es für Menschen und Tiere genügend Nahrung gab. Der Pharao aber machte sie zu Sklaven, die er beim Bau königlicher Paläste und großer Tempelanlagen rücksichtslos einsetzte.

um 1600 v. Chr.

Da plante Mose die Flucht seines Stammes aus der Sklaverei. Obwohl sich ihm der Pharao mit einer ganzen Armee entgegenstellte, gelang der Ausbruch. Für Mose und die Israeliten, die mit ihm zogen, war das ein Wunder: »Gott hat uns die Freiheit geschenkt.« Diese Geschichte hat man in Israel immer wieder erzählt, um sich neuen Mut zu machen und die Hoffnung wachzuhalten, wenn wieder Unterdrückung und Unfreiheit drohte.

um 1300 v. Chr.

Zeit der schriftlichen Überlieferung

Später, als Israel unter seinen Königen David und Salomo selbst mächtig geworden war, wurden Hofschreiber damit beauftragt, die Geschichten, die im Volk erzählt wurden, aufzuschreiben. So entstanden Bücher, die Auskunft darüber geben konnten, wer dieses Volk war, woher es kam und welche Bestimmung es hatte.

um 1000 v. Chr.

Die Buchstaben wurden mit einer Rohrfeder auf Papyros oder Leder mit einer Tinte geschrieben, die man aus Ruß, Wasser und einem Bindemittel, meist Gummi, herstellte.

Das Schreibgerät (siehe nebenstehende Zeichnung) bestand aus einer Palette für Tinten, einem Behälter für die Feder und einem Beutel mit gemahlenen Farbstoffen.

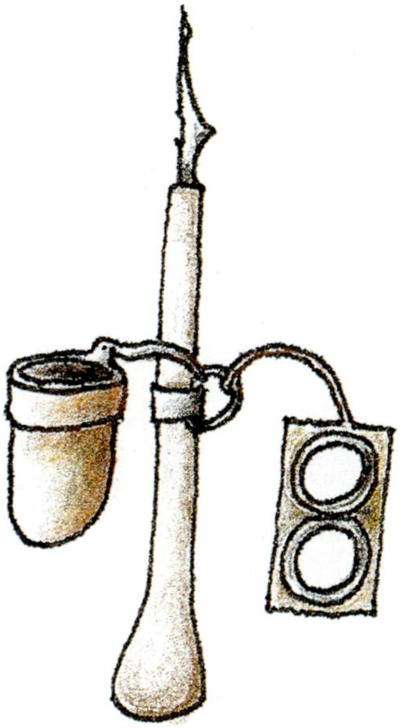

Die Texte wurden in hebräischer Sprache in einer Schrift festgehalten, die nur Konsonanten kennt und von rechts nach links geschrieben wird.

מזמור לדוד יהוה
רעי לא אחסר
בנאות דשא ירביצני
על־מי מנחות ינהלני
נפשי ישובב ינחני
במעגלי־צדק למען
שמו

Psalm 23, 1–3

Schreibt man die deutsche Übersetzung des ersten Satzes in hebräischer Schreibweise, ergibt das folgende Zeilen:

TRH NM TS RRH RD
NLGNM STHCN DRW RM

Vielleicht gelingt es dir, die fehlenden Vokale zu ergänzen und den Satz zu lesen.

Ungefähr 100 Jahre vor Christi Geburt wurden die letzten Bücher aufgeschrieben, die wir heute im Alten Testament finden.

Zeit der schriftlichen Überlieferung des Neuen Testaments

Im Mittelpunkt des Neuen Testaments steht das Evangelium von Jesus Christus. Es wurde in griechischer Sprache verfaßt.

ΚΑΤΑ ΛΟΥΚΑΝ

Ἐπειδήπερ πολλοὶ ἐπεχείρη-
σαν ἀνατάξασθαι διήγησιν
περὶ τῶν πεπληροφορημένων
ἐν ἡμῖν πραγμάτων, καθὼς
παρέδοσαν ἡμῖν οἱ ἀπ᾽ ἀρχῆς
αὐτόπται καὶ ὑπηρέται ...

Beginn des Lukasevangeliums

Die Evangelisten und ihre Symbole

In den christlichen Gemeinden berichteten die Apostel über alles, was sie mit Jesus erlebt hatten. Diese Geschichten wurden oft wiederholt und nach dem Tod der Apostel auch in neu entstandenen Gemeinden weitererzählt.
Die ersten schriftlichen Texte, die in Gemeindeversammlungen und beim Gottesdienst vorgelesen wurden, waren die Briefe des **Paulus.** In seinen Briefen tröstete und ermahnte er die von ihm gegründeten Gemeinden, beantwortete Fragen und berichtete über seine Reisen. Später schrieb man die Briefe ab und gab sie an andere Gemeinden weiter.
Daneben wurden die Worte Jesu, die für die ersten Christen einen wichtigen Schatz darstellten, gesammelt und aufgeschrieben. **Markus** sammelte alle Geschichten über Jesus, die in seiner Gemeinde bekannt waren. Er machte aus ihnen eine fortlaufende Geschichte, die erzählte, wie Jesus schließlich in Jerusalem getötet worden war. Er nannte sein Buch »Evangelium«, was soviel wie »frohe Botschaft« bedeutet.
Seine Arbeit fand mehrere Nachfolger, die wie Markus für ihre Gemeinden ein eigenes »Evangelium« schreiben wollten.
Zuerst kam **Matthäus**, der als gelehrter Jude in seiner Geschichte zeigte, daß Jesus der versprochene Messias des jüdischen Volkes war.
Ihm folgte **Lukas**, der sein Buch einem vornehmen Griechen widmete, um ihn und andere Heiden von der Wahrheit der Christusbotschaft zu überzeugen. Ihm gelang auch die beliebteste und am meisten gelesene Geschichte des Neuen Testaments: die Weihnachtsgeschichte.
Als letzter schilderte **Johannes** das Leben und Wirken Jesu. Er rahmte seine Erzählung damit ein, daß er berichtete, wie der Sohn Gottes vom Himmel als Mensch auf die Erde kam und nach seiner Auferstehung wieder zurück zu seinem Vater in den Himmel ging.
Im Laufe der Zeit entstanden noch andere Evangelien, aber die Gemeinden einigten sich auf diese vier, weil sie die Botschaft von Jesus Christus am treuesten und klarsten enthielten. Nur sie wurden deshalb im Gottesdienst vorgelesen und in die Sammlung des Neuen Testaments aufgenommen.

Die vier Evangelisten und ihre Symbole

Wo die vier Evangelisten des Neuen Testaments bildlich dargestellt werden, da sind ihnen meistens besondere Zeichen zugeordnet, an denen man sie leicht erkennt: zu Markus gehört der Löwe, zu Matthäus die Gestalt eines jungen Mannes; der Stier ist das Zeichen des Lukas, und Johannes wird von einem Adler begleitet.

Mönche schrieben in den folgenden Jahrhunderten die Bücher des Alten und Neuen Testaments immer wieder ab, sehr gewissenhaft und sehr kunstvoll – in Griechisch und Latein. Die hebräische Bibel wurde von jüdischen Gelehrten überliefert.
Johannes Gutenberg druckte dann um 1455 in Mainz die erste Bibel in lateinischer Sprache.

Martin Luther wollte, daß alle seine Landsleute die Bibel in ihrer Sprache lesen konnten. Deshalb übersetzte er sie ins Deutsche.

Eine Seite der Gutenberg-Bibel. Die Initialen und Zierranken sind von Hand eingemalt.

Heute ist die Bibel in mehr als 1800 Sprachen übersetzt.

englisch:
They spent their time in learning from the apostles, taking part in the fellowship, and sharing in the fellowship meals and the prayers.

russisch:

Петр снова отрекается от Иисуса
25 Между тем Петр стоял и грелся. Его спросили: «А ты тоже его ученик?» Он отрицал это и говорил: «Нет». 26 Один из слуг первосвященника, родственник того слуги, которому Петр отрубил ухо, спросил: «Не видел ли я тебя в саду вместе с ним?»
27 Петр снова отрицал это. И именно тогда запел петух.

Biblia: das ist: Die gantze Heilige Schrifft: Deudsch
Auffs new zugericht.
D. Mart. Luth.
Begnadet mit Kurfürstlicher zu Sachsen Freiheit.
Gedruckt zu Wittemberg/ Durch Hans Lufft.
M.D.XLV.

Luther-Bibel – Wittenberg 1545, Titelblatt

Bringt möglichst viele verschiedene Bibeln von zu Hause mit und organisiert eine Ausstellung im Klassenzimmer.

Schaut euch alle Bibeln nach Inhalt und Aufmachung genau an.

Vielleicht entdeckt ihr eine alte Familienbibel mit handgeschriebenen Einträgen von Geburten, Hochzeiten oder Sterbefällen auf den Anfangs- oder Schlußseiten. Welche Rolle hat eine solche Bibel im Leben der Menschen gespielt?

Im 12. Jahrhundert unterteilte man alle biblischen Bücher in Kapitel, im 16. Jahrhundert dann auch in Verse, damit jeder möglichst rasch eine angegebene Stelle finden konnte. Weißt du, wo die Weihnachts-, die Schöpfungs-, oder die Pfingstgeschichte in der Bibel steht, oder das Gleichnis vom barmherzigen Samariter?

Um die Bibel besser kennenzulernen, gibt es ein Spiel: Einer der Teilnehmer gibt eine Bibelstelle an. Alle anderen versuchen, sie so schnell wie möglich aufzuschlagen. Wer als erster das richtige Anfangswort vorlesen kann, darf die nächste Aufgabe stellen. Wer dreimal gewinnt, hat eine Belohnung verdient.

Der Traum aller Bibel-Wissenschaftler ist es, eine der biblischen Schriften im Original aufzufinden, so wie sie der Verfasser, ein Prophet oder ein Evangelist selbst aufgeschrieben hat. Trotz aller Bemühungen der Archäologen wird dies wohl ein Traum bleiben, auch wenn man schon viele alte Handschriften wiederentdeckt oder ausgegraben hat. Manchmal ist es auch der Zufall, der den Wissenschaftlern einen sensationellen Fund in die Hände spielt.

Sensationeller Fund in der Wüste

Es war an einem Frühlingstag des Jahres 1947 in dem Wüstengebirge, von dem das Tote Meer umgeben wird, in der Gegend von Qumran. Zwei Jungen aus einem Beduinenstamm waren mit ihrer Ziegenherde unterwegs, als sie bemerkten, daß eines der Tiere fehlte. Sie gingen auf die Suche und kletterten in den Felsspalten herum, als sie plötzlich ein schwarzes Loch entdeckten. Sie

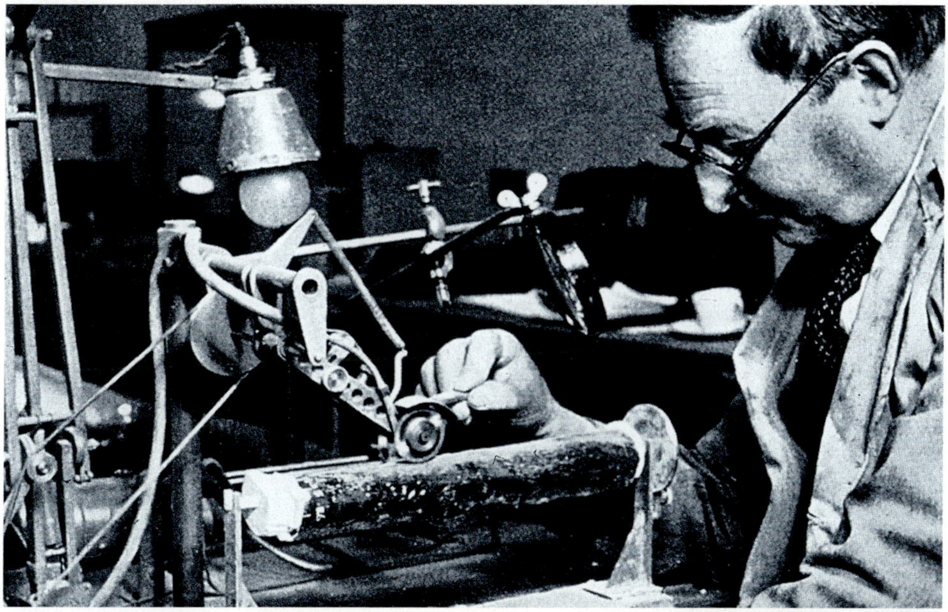

Professor H. Wright Baker schneidet die sogenannte »Kupferrolle« in kleine Abschnitte, damit sie gelesen und übersetzt werden kann.

Eine Schriftrolle wird aus einem Tonkrug genommen.

warfen vorsichtig Steine hinein, um die Ziege herauszuscheuchen, aber statt des Ziegengeblöks hörten sie nur einen hohlen Ton und dann ein Klirren, wie wenn Tongeschirr zu Bruch geht. Überrascht kletterten sie in die Höhle und fanden im Halbdunkel eines alten Gangs mehrere Krüge in eigenartiger Form, jeweils mit einem Deckel. Rasch wurden die Gefäße geöffnet, und bald hatten die Jungen lange Rollen aus altem Leder in der Hand. Sie wollten sie schon enttäuscht zurücklassen, aber dann nahmen sie sie doch mit. Vielleicht konnte der Schuster des Stammes etwas damit anfangen.

Lange Zeit kümmerte sich niemand um diese Rolle, bis durch Zufall ein Wissenschaftler darauf aufmerksam wurde. Er stellte fest, daß es sich um sehr alte Schriftrollen aus Pergament (Tierhaut) handelte und daß der Text, der auf ihnen zu lesen war, ein Stück des Alten Testaments sein mußte. Man suchte die Gegend des Fundortes Qumran nun systematisch ab und fand in benachbarten Höhlen noch viele weitere Schriftrollen und Teilstücke von alten Schriften. Die Wissenschaftler in aller Welt waren begeistert über diesen wichtigen Fund.

Der Schrein der Schriftrollen, Israel-Museum in Jerusalem

Beduinen vor dem Eingang von Höhle 4 in Qumran

Heute ist der wichtigste Teil davon, ein Stück aus dem Buch Jesaja, in einem Museum bei Jerusalem ausgestellt, das extra für diesen Zweck gebaut wurde. Es hat dieselbe Form wie die Deckel auf den Tonkrügen aus der Höhle. Besucher des Museums bringen oft ihre eigene Bibel mit und können, wenn sie Hebräisch verstehen, den Text ihrer modernen Bibel mit dem der Schriftrolle vergleichen, die über 2000 Jahre alt ist. Seit dieser Zeit und – wie wir annehmen dürfen – sogar noch 1000 Jahre länger, werden Texte der Bibel von einer Generation zur anderen getreu weitergegeben und im selben Wortlaut gelesen.

Überlege, wie alt die ältesten Texte sind, die heute noch gelesen werden. Fallen dir Beispiele ein?

Welche Erklärung gibt es dafür, daß die Texte der Bibel so lange bewahrt worden sind?

LISA LIEST EIN SPANNENDES BUCH

Mutter findet Lisa in ihrem Zimmer. Sie liegt auf dem Bauch und liest. Die Mutter seufzt; sie kennt das schon. Wenn Lisa in einem Buch schmökert, ist sie nicht ansprechbar, schon gar nicht für solche Dinge wie Abspülen oder Aufräumen. »Jetzt liest du die Brüder Löwenherz doch bestimmt zum drittenmal«, sagt die Mutter. »Es ist eben einfach ein sagenhaft gutes Buch«, murmelt Lisa, »es geht gerade darum, wie Jonathan und Krümel beim Endkampf des Heckenrosentals gegen den bösen Tengil und das Scheusal Katla bestehen sollen. Hör mal: »...da sagte Jonathan: ›Befreien? Du meinst töten?‹ ›Ja, was denn sonst?‹ sagte Orwar. ›Ich kann aber nicht töten,‹ sagte Jonathan, ›das weißt du doch, Orwar!‹ ›Nicht einmal, wenn es um dein eigenes Leben geht?‹ fragte Orwar. ›Nein, nicht einmal dann‹, sagte Jonathan.«
»Mama, würdest du jemanden umbringen, wenn du jemanden retten müßtest?« »Fragen stellst du«, meint die Mutter, »etwas Leichteres fällt dir wohl nicht gerade ein? Bisher war ich noch nie in einer Situation, wo ich mich verteidigen mußte, Gott sei Dank. Aber ich denke, für mich ist es so ähnlich wie für deinen Jonathan in dem Buch: Gewalt ist grundsätzlich keine Lösung für Streit zwischen Menschen.« »Und woher hast du diese Meinung?« fragt Lisa neugierig. »Ich schau mich um«, antwortet die Mutter. »Immer wenn Menschen gewalttätig sind, wird alles nur noch schlimmer. Übrigens kenne ich auch ein sagenhaft gutes Buch. Es ist schon alt, aber es finden sich darin recht moderne Ansichten darüber, ob Gewalt etwas bringt oder nicht. Sagt dir der Satz: ›Du sollst nicht töten‹, und ›Du sollst deinen Nächsten lieben wie dich selbst‹ etwas?« »Die Bibel«, stöhnt Lisa. »Ich lese die Brüder Löwenherz, und du kommst mir mit der Bibel«. »Na und?« fragt die Mutter zurück. Um ihren Mund spielt ein feines Lächeln. Es wirkt geradezu herausfordernd.

Wie könnte das Gespräch zwischen beiden weitergehen?

Mönche gestalteten im 14. Jh. dieses Titelblatt zum 1. Buch Mose. In 46 Rundbildern stellten sie Geschichten des Alten Testaments dar.

VERSCHIEDENE LIEBLINGSSTELLEN IN DER BIBEL

Menschen lesen die Bibel aus verschiedenen Gründen. Sie suchen nach Antworten auf wichtige Fragen. Sie erfahren Trost und Ermutigung in vielen Geschichten. Sie entdecken in einzelnen Personen Vorbilder für das eigene Leben. Sie finden Lieder und Gebete, die zu ihnen passen. Oft finden sie sich selbst mit ihren Zweifeln und Ängsten darin wieder und werden ermutigt, weil sie merken, daß auch andere in ihrer Lage waren und trotzdem Auswege und Hilfe gefunden haben. Manchmal streiten sich Menschen auch über die Bedeutung bestimmter Geschichten und kommen durch solche Gespräche ein Stück näher zueinander. Die Geschichten der Bibel machen sie darauf aufmerksam, wie Gott auch sie in ihrem Leben begleitet.

»Jesus hat gesagt, daß man seine Feinde lieben soll, wenn das jeder schaffen würde, gäbe es keine Kriege mehr auf der Welt.«

»Mir gefällt die Geschichte von David und Goliath besonders gut, weil da ein Kleiner einen Großen, Starken besiegt.«

»Am Anfang der Bibel wird gesagt, daß Gott die Schöpfung den Menschen anvertraut. Mich interessiert das, weil es uns heute helfen kann, mit der Umwelt richtig umzugehen.«

»Ich erinnere mich an die Geschichte von dem verlorenen Sohn, und wie sich der Vater so riesig über seine Heimkehr gefreut hat. Wenn alle Väter so wären...«

»Meine Oma kann auch noch heute mit ihren 77 Jahren den ganzen 23. Psalm auswendig, den sie als junges Mädchen in der Schule gelernt hat. Sie sagt, daß ihr der Text in ihrem langen Leben sehr lieb geworden ist, weil er sie in schweren Stunden getröstet hat. Ich glaube, ich möchte den Psalm auch lernen.«

»Ich mag die Erzählung von der Sintflut vor allem deswegen, weil Gott Noah, der ihm vertraute, gerettet hat.«

»Jesus hat Bartimäus gesund gemacht und ihm neues Leben geschenkt. Das lese ich, wenn ich selber traurig bin. Aber daß er selbst so viel leiden mußte, gefällt mir gar nicht.«

»Die Weihnachtsgeschichte lesen wir in unserer Familie jedes Jahr am Heiligen Abend wieder. Manchmal überlege ich mir, wie Maria diese Reise damals wohl geschafft hat.«

Worüber denken die Menschen nach, denen diese Bibelstellen eingefallen sind?

Was haben sie erlebt?

An welche Geschichten der Bibel erinnert ihr euch?

WIE MENSCHEN HEUTE DIE BIBEL LESEN UND VERSTEHEN – EIN BEISPIEL AUS INDIEN

Die indische Malerin Lucy D'Souza hat Bilder zu für sie wichtigen Geschichten der Bibel gemalt und sie zu einem großen Meditationsbild zusammengefügt. Ihr kam es darauf an, den Frauen in ihrer Gemeinde Mut zu machen, indem sie statt der Männer einmal die wichtigen Frauen in der Bibel in den Mittelpunkt gestellt hat.

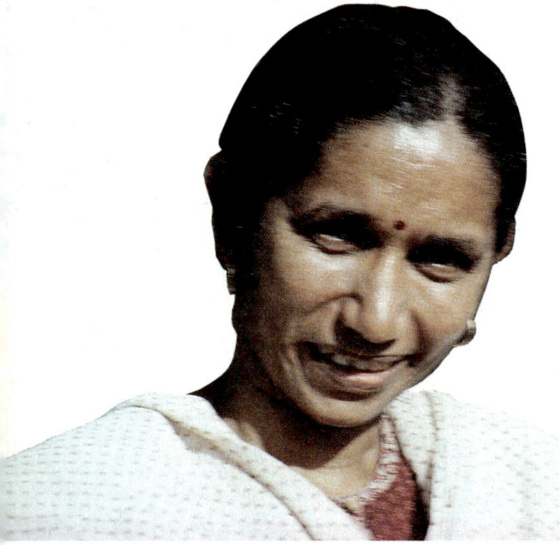

LUCY

Die Lieblingsstelle der indischen Malerin Lucy D'Souza steht im Buch Exodus und handelt von der Prophetin Miriam, die zusammen mit Mose und Aaron das Volk Israel aus Ägypten geführt hat. Wahrscheinlich gehört das Mirjam-Lied zu den ältesten Stücken der ganzen Bibel.

Als das Heer der Ägypter im Schilfmeer versunken war, sang ganz Israel:
Meine Stärke ist der Herr. Er ist mein Gott, ihn will ich preisen.
Des Pharao Wagen und seine Macht warf er ins Meer.
Mit mächtigem Schutz führst du das Volk, das du erlöst hast.
Da nahm auch Mirjam, die Prophetin, ihre Handpauke. Alle Frauen zogen hinter ihr her. Sie schlugen ihre Pauken und tanzten. Mirjam sang ihnen vor und sie antworteten im Chor:
Singet dem Herrn! Er hat eine herrliche Tat getan!
Rosse und Wagen warf er ins Meer!

Lucy D'Souza hat die Szene in ihrem Bild festgehalten.
Welche Bildelemente kannst du erkennen? Welche kommen auch im Text vor, welche nicht? Findest du die Bedeutung der einzelnen Elemente heraus?

Die Malerin denkt, nach ihrer eigenen Aussage, bei der Gestaltung der Bilder nicht nur an die biblische Geschichte, sondern auch immer an den Alltag der Frauen in Indien. Sie sind dort oft so rechtlos und unterdrückt wie Sklavinnen.
Warum hat Lucy D'Souza diese Bibelstelle als Thema für ihr Bild gewählt?

Diesem Bild nach einer Textstelle aus dem Alten Testament folgt darunter ein zweites, das eine Geschichte aus dem Neuen Testament darstellt. Es geht dabei um Maria von Magdala, die Jesus sehr geliebt hat; in großem Schmerz suchte sie nach der Kreuzigung das Grab ihres toten Freundes, konnte seinen Leichnam aber nicht finden.

Da wandte sie sich um und sah Jesus dastehen. Aber sie wußte nicht, daß es Jesus war. Jesus sagte zu ihr: »Warum weinst du? Wen suchst du?« Sie meinte, es sei der Gärtner, und sagte zu ihm: »Herr, wenn du ihn weggebracht hast, sag mir, wohin du ihn gelegt hast. Dann will ich ihn holen.« Jesus sagte zu ihr: »Maria!« Da wandte sie sich ihm zu

und sagte auf hebräisch zu ihm: »Rabbuni!«, das heißt: Meister.
Jesus sagte zu ihr: »Halte mich nicht fest; denn ich bin noch nicht zu meinem Vater zurückgekehrt. Geh aber zu meinen Brüdern, und sag ihnen: Ich gehe hinauf zu meinem Vater und zu eurem Vater, zu meinem Gott und zu eurem Gott.«
Maria von Magdala ging zu den Jüngern und verkündete ihnen: Ich habe den Herrn gesehen. Und sie richtete aus, was er ihr gesagt hatte.

Welche Szene aus dem Text gibt das Bild wieder? Welche Rolle spielen die Farb- und Lichtverhältnisse des Bildes? Wer hört und wer spricht?

Nicht nur in der indischen Gesellschaft sind Frauen oft auf eine untergeordnete Stellung verwiesen. Auch in den christlichen Kirchen sind Frauen und Mädchen nicht überall gleichberechtigt und müssen im Gottesdienst oft nur zuhören. Welche Botschaft haben die Bibelstelle und das Bild für die Frauen?

Versucht mit eurer Lehrerin oder eurem Lehrer herauszufinden, welche biblischen Frauengestalten Lucy D'Souza auf den anderen Bildern dargestellt hat. Zur Erleichterung der Aufgabe bekommt ihr als Tip folgende Bibelstellen: 2. Mose 1, 15–21; Ruth 2,8–10; Mark. 7,24–30; Luk. 1,41–56; Luk. 13,21; Joh. 20,14–18

An welchen Stellen kommt Jesus auf dem Bild vor? Welche Rolle spielt er in diesen Szenen? Kannst du dir das ganze Bild als großes Altargemälde in deiner Gemeinde vorstellen?

KÜNSTLER ERZÄHLEN VOM GLAUBEN IN BILDERN

Von Anfang an hat Kunst den christlichen Glauben begleitet. Um Kirchenräume auszuschmücken und wichtige Geschichten der christlichen Verkündigung für die Kirchenbesucher anschaulich zu machen, benutzten die Künstler im Laufe der Zeit ganz unterschiedliche Materialien. Einige Beispiele siehst du hier:

1. Ein Kapitell aus Sandstein: Ein Kapitell ist der etwas breitere Teil, der eine Säule oben abschließt. Der weiche Stein und die gut sichtbare Position brachten die Steinmetze auf den Gedanken, hier Verzierungen anzubringen: zuerst nur in Form von Pflanzen- oder Tiermotiven. Später meißelten sie oft ganze Szenen biblischer Geschichten aus dem Stein.

2. Ein farbiges Glasfenster: Dieses Fenster einer gotischen Kathedrale ist aus kleinen bunten Glasstücken zusammengesetzt, die durch Bleiverbindungen zusammengehalten werden.
Das hereinfallende Licht erleuchtet die Bilder und taucht die Säulen, Bögen und den Fußboden der Kirche in helle, bunte Farben.

3. Eine Tür aus Bronzeguß: Die mächtige Tür zu einer Taufkapelle ist in mehrere Kassettenfelder unterteilt wie ein Adventskalender. In jedem Feld ist eine Szene aus dem Evangelium dargestellt; hier sieht man die Verkündigung der Geburt Jesu durch einen Engel. Alle Bewegungen im Bild laufen auf Maria zu.

4. Ein goldverziertes Mosaik: Statt durch ein Gemälde wurden Fußböden oder Decken auch oft mit einem Mosaik aus tausenden winzigen Farbwürfeln geschmückt, die aus verschiedenen Stein-, Glas- oder Keramikteilen bestehen. Die Figuren erscheinen oft auf einem Hintergrund von reinem Gold.

Welches Kunstwerk gefällt dir am besten?

Schau dir das Kirchenfenster noch einmal genau an. Erkennst du die Szene? Schlag in der Bibel nach, wenn du nicht ganz sicher bist.

Versetze dich in die Lage des Künstlers, der die Bronzetür gestaltet hat. Welche biblischen Szenen würden in die anderen Felder passen? Zeichne einen Entwurf!

Vergleiche die Geschichte vom Fischzug des Petrus (Luk.5, 1–11) mit ihrer Darstellung auf dem Mosaikbild.

Im neuen Gesangbuch findet ihr Illustrationen moderner Künstler zu bestimmten Liedern. Nehmt euch einmal die Zeit, im Gesangbuch zu blättern und zu überlegen, welches Bild eurer Meinung nach besonders oder weniger gut zu dem jeweiligen Lied paßt.

Ich glaube schon. Auch in der Kopfhaltung Jesu zu Judas hin wird diese Absicht ja deutlich.
Zum Schluß nur noch eine Frage: Warum haben sie den Altar aus Lindenholz geschnitzt?

Weil es ein sehr geschmeidiges, aber auch glattes und hartes Material ist, aus dem ich alle Feinheiten der Gewänder und Gesichtszüge zum Beispiel gut herausarbeiten kann.
Vielen Dank für dieses Gespräch.

Hast du eine Idee, warum Judas auf diesem Altar so in den Vordergrund gerückt wird?

ÜBER DEN HÄUSERN: EINE KATHEDRALE

Mit dem Bau der St.-Lorenzkirche in Nürnberg wurde um 1250 begonnen.

Eine mittelalterliche Kirche erhebt sich inmitten der Stadt hoch über die Häuser, die sie dicht umdrängen. Ihr Dach überragt alle anderen Dächer. Ihre Türme recken sich wie mahnende Finger in den Himmel. Die Mauern sind aus mächtigen Steinquadern geschichtet, von Pfeilern gestützt und mit zahllosen Türmen und Statuen geschmückt. Den Innenraum betritt man durch ein hohes Portal, links und rechts umstellt von steinernen Figuren, Propheten, Aposteln, Heiligen: Menschen also, an deren Glauben sich jeder ein Vorbild nehmen kann. Oben im Rundbogen thront Christus als Weltenrichter. Dahinter öffnet sich ein großer, hallenförmiger Raum. Die vielfach gewölbte Decke ruht auf spitzbögigen Arkaden, deren schlanke Pfeiler das Mittelschiff von den beiden Seitenschiffen abgrenzen. Licht flutet durch hohe Fenster. Der ganze Raum scheint zu schweben.

Menschen haben immer Gründe für Formen, die sie wählen, wenn sie eine Kirche bauen.
Versucht einmal zu erklären, warum der Grundriß vieler solcher Kirchen in Kreuzform angelegt ist,

- *der Altarraum stets nach Osten zeigt,*
- *der lange schmale Innenraum »Schiff« genannt wird,*
- *an Säulen und Wänden Bilder von biblischen Szenen zu finden sind?*

Besucht doch bei Gelegenheit allein oder mit der Klasse eine nahegelegene mittelalterliche Kirche.

Innenraum der St.-Lorenzkirche mit dem Engelsgruß von Veit Stoß

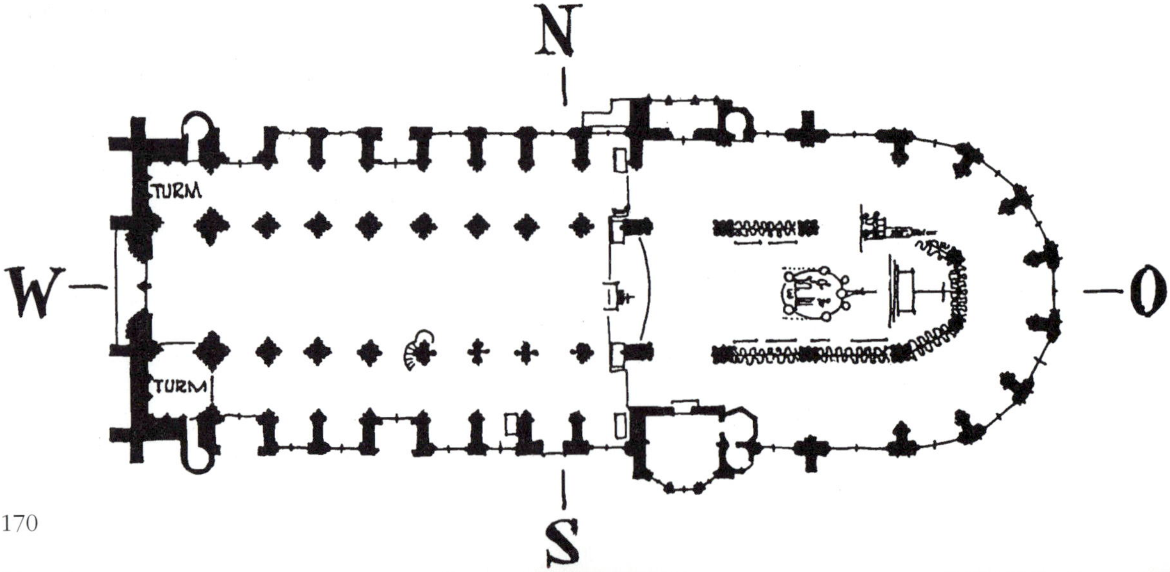

EINE KIRCHE WIE EIN ZELT

Die Friedenskirche in Gräfelfing bei München wurde 1970 erbaut.

Eine Mitarbeiterin der Gemeinde schildert ihre Eindrücke bei einem Besuch dieser Kirche:
»Ich schaue hinauf in das spitze Holzdach und denke: Zelt, Schutz, Schutz gegen Schwierigkeiten des Lebens, Schutz, den ich mitnehmen kann, innerlich, als Erfahrung. Hier freilich steht er sichtbar auf Sichtbetonwänden, dem Uferhang angepaßt. Er überdacht unsere Gemeinde, das Taufbecken, den Altar, das Pult und öffnet sich der grünen Umwelt. Sie leuchtet herein und wird zum »Schönsten Altarbild der Welt.«
Im Gottesdienst blicken wir auf das Wasser eines Flusses, der draußen vorbeifließt. Davor steht das Taufbecken. Hier ist das Wasser Zeichen dafür, daß der Geist Gottes weitergegeben und der Mensch in die Gemeinschaft Christi aufgenommen wird.
Zur Abendmahlsfeier versammeln wir uns um den Altar. Da ist viel Platz, Platz für den Pfarrer, für das Austeilen von Brot und Wein, Platz auch für den Chor oder für Musiker; denn Taufbecken, Altar und Lesepult können bewegt werden. Nur das Kreuz ist fest verankert und ragt bis hoch in das Zeltdach.
Durch das einzige Südfenster wandert das Sonnenlicht während des Tages: von der Osterkerze beim Taufbecken zum Altar, zum Lesepult und weiter bis in die Nähe des Wandteppichs, wo eine Friedenstaube über weites Wasser fliegt.

Innenraum der Friedenskirche in Gräfelfing

Was fällt dir auf, wenn du »Kathedrale« und »Zelt« miteinander vergleichst?

Was hältst du davon, daß modernen Kirchen oft die Form eines Zeltes gegeben wird?

Wie beurteilst du es , daß der Taufstein, aber auch Kanzel und Altar in der Friedenskirche bewegt werden können?

Welche Rolle spielt das wandernde Tageslicht bei einem Besuch des Gottesdienstraums?

Vergleiche den Altar Tilman Riemenschneiders in Rothenburg mit dem der Friedenskirche in Gräfelfing.
Beschreibe die Unterschiede.

Besuche eine Kirche in deiner näheren Umgebung. Achte dabei auf Zeichen und Bildwerke, die Künstler geschaffen haben, um ihren Glauben anschaulich zu machen.

Notiere die Gegenstände, die zur Kirche gehören und im Gottesdienst eine Rolle spielen.

Farbige Symbole in der Kirche: Antependien

In den meisten Kirchen hängen an Altar und Kanzel Tücher in verschiedenen Farben und mit verschiedenen Symbolen (Antependien). Sie wechseln im Laufe des Kirchenjahres.

Jede Farbe hat ihre eigene Bedeutung: Weiß ist die Farbe des Lichts und der Freude, Rot des Feuers und der Liebe, Schwarz der Trauer und des Schmerzes, Violett der Vorbereitung und Umkehr, Grün der Schöpfung und Hoffnung.

Versucht, die Farben den Zeiten und Festen des Kirchenjahres zuzuordnen: Advent • Weihnachten • Epiphanias • Sonntag nach Epiphanias • Passion • Karfreitag • Ostern • Himmelfahrt • Pfingsten • Trinitatis • Sonntag nach Trinitatis • Erntedankfest • Reformationsfest • Totensonntag. Achtet dabei auf die Symbole, die verwendet werden. Beginnt mit einer möglichst leichten Aufgabe. Helft einander.

STEFA

Am Palmsonntag ist Lisa mit ihren Eltern und Stefan aufs Land gefahren. Sie parken den Wagen vor dem Gasthof des Ortes. Ehe sie zu einer Wanderung aufbrechen, besuchen sie noch die Kirche. Der Gottesdienst ist eben zu Ende gegangen. Menschen drängen aus der Tür. Aber die Orgel spielt noch, und am Altar brennen noch die Kerzen. Sie setzen sich zu viert nebeneinander auf eine Bank. Ihr Blick wandert von den holzgeschnitzten Figuren an der Kanzel zum Kruzifix und dann zu den zwei Heiligenfiguren links und rechts vor dem Altar. Lange verweilen sie so. Plötzlich springt Stefan auf, durchquert die linke Hälfte der Kirche und bleibt vor einer Nische im Außengang stehen. »Was ist denn das?« ruft er mit gedämpfter Stimme, aber doch laut genug, daß sich alle nach ihm umdrehen. Er schaut auf ein großes Schnitzwerk. Christus sitzt da auf einem Tier wie auf einem Thron. Er hebt die rechte Hand zum Segen. »Was soll denn das?« wiederholt Stefan. »Wozu soll das denn gut sein?« In seiner Stimme schwingt Verwunderung, fast Empörung und Ablehnung. Der Vater tritt zu ihm. Er legt den Arm um seine Schulter und sagt: »Überleg doch einmal, was für ein Tag heute ist. Dann kannst du dir die Antwort auf deine Frage selbst geben.«

UCHT
EINE
RKLÄRUNG

An welche biblische Geschichte erinnert dich das Bild?

Wenn du dich noch einmal genau orientieren willst, dann lies Matth. 21,1–11.

Warum haben Christen gerade diese Geschichte immer wieder gern gehört und gelesen?

Warum haben sie am Palmsonntag den Gottesdienst oft mit dem Einzug eines »Palmesels« begonnen?

Welche Bräuche, die an bestimmten Zeiten des Kirchenjahres eine Rolle spielen, kennst du noch?

Denke einmal an den Dreikönigstag.

Erinnere dich, wie du zu Hause Weihnachten oder Ostern feierst.

■ **Du Tochter Zion, freue dich!**
Tochter Jerusalem, jauchze!
Steh auf! Dein König kommt zu dir,
ein Gerechter und ein Helfer!
Arm ist er und reitet auf einem Esel,
auf einem jungen Füllen der Eselin.
Er wird die Kriegswagen entfernen
aus Ephraim,
die Kriegsrosse aus Jerusalem!
Den Bogen der Krieger wird er zerbrechen
und Frieden den Völkern geben. ■

Zion war ursprünglich die Bezeichnung des Tempelbergs, wurde später aber für ganz Jerusalem und seine Bevölkerung gebraucht.
Ephraim ist der Name eines Stammes, der ein Gebiet in der Mitte Israels bewohnte.

Ein Eskimo-Märchen

Es war einmal ein Elternpaar, das hatte drei Söhne. Als der Älteste heranwuchs, brachten ihm die Eltern alles bei, was er wissen und können mußte, um in dem weißen und kalten Land, in dem sie wohnten, zu überleben. Er wurde ein ausgezeichneter Spurenleser, er beobachtete genau und konnte bald den Schneesturm vorhersagen, und mit Harpune wie mit Pfeil und Bogen tat es ihm niemand gleich. Bald konnte ihm der Vater nichts mehr beibringen, und der Sohn ging allein auf die Jagd. Eines Tages kehrte er nicht mehr zurück. Die Eltern waren wütend und traurig über so viel Undankbarkeit, denn sie wußten, daß ihm nichts geschehen war. Er hatte sie verlassen.

Noch sorgfältiger erzogen die Eltern nun ihren zweiten Sohn, und auch er wurde ein Mensch, der alles kannte, was man als Jäger im Eis brauchte. Aber eines Tages verschwand auch er. Die Eltern verzweifelten fast an ihrem Schicksal, auch dieses Kind verloren zu haben, und widmeten nun all ihre Sorgfalt und Aufmerksamkeit dem dritten Sohn.

Der Jüngste war nicht ungeschickter als seine beiden Brüder: auch er wurde ein umsichtiger und kundiger Jäger. Aber als er eines Tages allein durch die Eiswüste streifte, hatte er sich etwas zu weit hinausgewagt und bekam es nun allein in der unbekannten Gegend mit der Angst. Da bemerkte er, daß ein Adler über ihm kreiste. Die Kreise wurden enger und schließlich landete das mächtige Tier zu seiner großen Überraschung nur wenige Schritte vor ihm. Wie erschrak er aber erst, als der Adler zu sprechen begann: »Du bist ein guter Jäger und hast viele nützliche Dinge gelernt, aber das Wichtigste ist dir verborgen geblieben. Deshalb mußt du jetzt hier allein sterben, oder du mußt mit mir kommen und noch einmal in die Lehre gehen, um zu lernen, ein Mensch zu sein.«

Nachdem er einverstanden war, packte ihn der Adler und flog mit ihm über die weite Eisfläche zum Horizont, vor dem sich die weißen Berge erhoben. Dort mußte der junge Jäger noch einmal ganz von vorne beginnen: Er lernte Flöte zu spielen, Lieder und Gedichte zu machen, Spiele zu erfinden, schöne Geschichten zu erzählen und mit Anmut zu tanzen. Da er sich gelehrig und anstellig zeigte, brachte ihn der Adler nach drei Jahren in seine Welt zurück.
Er ging zu seinen Eltern, beantwortete aber keine der vielen Fragen nach seinem Verbleib, sondern ging unbeirrt daran, ein großes Fest vorzubereiten. Er schaffte viel Fleisch zum Braten heran, sorgte für Trommeln und Flöten, baute eine Festhütte und lud alle Menschen ein, die in der Umgebung wohnten. Die wunderten sich sehr, denn so etwas wie ein Fest, bei dem alle zusammenkamen, hatte es vorher noch nie gegeben. Am festgesetzten Tag kamen jedoch alle Gäste, wie man ihnen gesagt hatte, in verschiedenen Masken, als Silberfuchs, als Eisbär oder mit einem Federputz auf dem Kopf als Eisvogel.

Es wurde ein wunderbares Fest, bei dem viel gegessen, getrunken und gelacht wurde. Jeder hatte etwas beizutragen, und am Ende war man sich einig, daß man so ein Fest bald wieder feiern würde. Am glücklichsten aber waren die Eltern des jungen Jägers, denn als die Masken abgenommen wurden, da fanden sich unter den ausgelassenen Gästen auch die beiden älteren Brüder mit ihren Frauen und Kindern, und alle waren zufrieden und wollten nicht mehr auseinandergehen.

Was fehlte den Menschen, wenn es keine Feste mehr gäbe?

Was gehört zu einem richtigen Fest?

Können Feste auch mißlingen? Woran liegt das?

DER GOTTESDIENST – EIN FEST

Alle zwei Jahre veranstaltet die Evangelische Kirche in Deutschland in einer größeren Stadt einen Kirchentag. Menschen kommen zusammen zu Vorträgen, Diskussionen und Gesprächen, zu Theater, Kabarett und Feiern mit Musik und Gesang. An einem Abend wird in allen Kirchen der Stadt Gottesdienst mit Abendmahl gehalten, zu dem alle Gäste des Kirchentages eingeladen sind. Vor allem junge Menschen sitzen oft nebeneinander auf dem Fußboden. Sie hören Bibelworte und denken darüber nach. Sie singen und beten, sie halten sich an den Händen und tanzen. Sie erinnern sich an die Freude, die sie in der Welt erleben – sie erinnern sich auch an das Leid, von dem sie wissen. Sie denken an Kriege und Katastrophen und die vielen Opfer von Gewalt. Gemeinsam feiern sie das Abendmahl, weil sie ein Zeichen ihrer Hoffnung setzen möchten. Teilnehmer eines solchen Gottesdienstes in Nürnberg berichten:

»Ich hatte mich seit langem auf das Feierabendmahl in der Lorenzkirche gefreut. Ich feiere das Abendmahl oft in der Gemeinde mit Freunden, mit Studenten. Aber wir feiern es nicht sehr oft als ein wirkliches Fest, als ein ausgelassenes, fröhliches, überschäumendes Fest. Ich wollte aber nicht nur ausgelassen und überschäumend und herzlich und voller Begeisterung feiern, sondern zugleich wahrhaftig, mit offenen Augen, mit wachem Verstand.«

»Wir haben miteinander Berichte, Gedichte, Trauriges aus Lateinamerika, stellvertretend aus Kolumbien für das Leid und Unheil rund um diesen Erdball gehört. Niederschmetternd war es wirklich. Wir konnten nur noch klagen an dieser Stelle des Gottesdienstes. Dann sahen wir den Lebensbaum, über uns das Kreuz, der Gekreuzigte mitten unter uns, wir als seine Gäste um ihn versammelt.«

»Viele Male feierte ich in St. Lorenz als Gemeindeglied Abendmahl, aber noch nie habe ich eine verbindende Gemeinschaft so sehr gespürt wie beim Feierabendmahl am Freitagabend. Ich kannte die jungen Leute, die um mich herum am Boden saßen, nicht. Als wir das Brot gegessen und den Wein getrunken hatten, warteten wir darauf, daß die andere Seite der Kirche versorgt würde. Es verging einige Zeit. Da holte ein junges Mädchen zwei Bananen aus ihrem Beutel, schälte sie, biß davon ab und reichte sie dem Nächsten weiter. Der war ich. Das selbstverständliche Teilen der jungen Leute beeindruckte mich stark. Ihr Friedensgruß klingt immer noch in mir nach.«

Welche Erlebnisse waren für diese Besucher des Gottesdienstes besonders eindrucksvoll?

Was fällt dir ein, wenn du jetzt noch einmal an das Fest des Eskimojägers denkst?

An welchen Gottesdienst, der dir gut gefallen hat, kannst du dich noch erinnern?

Was war der Grund dafür, daß du dich wohl gefühlt hast?

Freunde, daß der Mandelzweig

Text: Schalom Ben-Chorin, Melodie: Fritz Baltruweit, Rechte: tvd-Düsseldorf (Melodie), Hänssler Verlag, Neuhausen (Text)

Ein Schulgottesdienst wird vorbereitet

An einem Abend im Mai nach dem Abendbrot fängt Lisa an, in den Bücherregalen des Vaters herumzusuchen. »Weiß jemand, wo die Liederhefte hingekommen sind, die sonst immer hier lagen?« fragt sie. »Stefan hat sie neulich in die Jugendstunde mitgenommen«, erinnert sich der Vater. »Wozu brauchst du sie denn?« erkundigt er sich dann. »Unsere Klasse will gemeinsam den Gottesdienst zum Schuljahresschluß vorbereiten,« gibt Lisa Auskunft. »Als Arbeitsthema haben wir formuliert ›Auch wir sind für die Welt verantwortlich‹. Morgen sollen wir nun Lieder mitbringen, die wir dazu singen können.« »Kein Problem.« Stefan gibt sich souverän. Er macht auch gleich mehrere Vorschläge, die Lisa notiert. »Zu einem Gottesdienst«, meldet der Vater sich wieder zu Wort, »braucht man doch nicht bloß Lieder.« »Natürlich nicht«, antwortet Lisa. Sie denkt eine Weile nach. »Was gehört eigentlich noch alles zum Gottesdienst«, fragt sie dann ganz verwirrt, »aus welchen Teilen besteht er eigentlich?«

LISA ENGAGIERT SICH

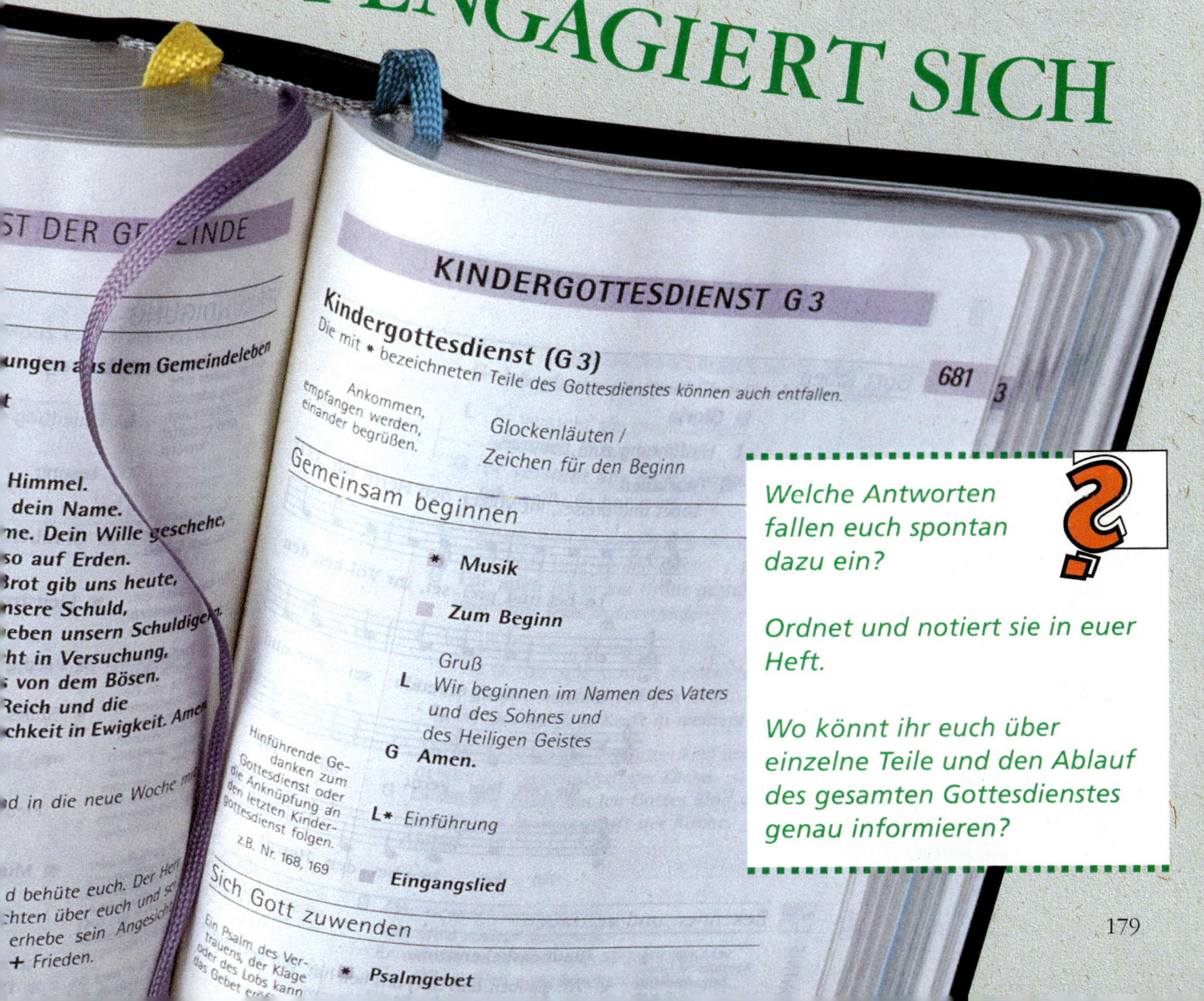

Welche Antworten fallen euch spontan dazu ein?

Ordnet und notiert sie in euer Heft.

Wo könnt ihr euch über einzelne Teile und den Ablauf des gesamten Gottesdienstes genau informieren?

Um möglichst wirkungsvoll zu arbeiten, beschließt die Klasse, Arbeitsgruppen zu bilden.

Gruppe 1 überlegt, wo das Thema im Alltag vorkommt und sammelt aus Zeitungen und Zeitschriften Material dazu.

Gruppe 2 bestimmt die Lieder, die gesungen werden, und organisiert den musikalischen Rahmen.

Gruppe 3 sucht Texte aus und schreibt selbst passende Gebete.

Zur weiteren Diskussion legt Gruppe 1 folgenden Entwurf vor:

Und Gott sprach:
Es sollen Lichter werden an der Feste des Himmels, daß sie als Leuchten dienen und es hell sei auf der Erde.

Laßt die Autos öfter stehen!

Die Erde lasse junges Grün sprossen: Pflanzen, die Samen tragen, und Fruchtbäume, die Früchte bringen.

Das Baumsterben muß aufhören!

Die Wasser sollen wimmeln von Lebewesen, und Vögel sollen fliegen über der Erde.

Stoppt den Walfang!

Die Erde bringe hervor lebende Wesen, Vieh, Gewürm und die wilden Tiere.

Tierversuche sind Tierquälerei!

Und Gott sah an alles, was er gemacht hatte, und siehe da, es war sehr gut.

Die Erde soll überleben!

Wie würdet ihr dieses Thema auf der Einladung zum Gottesdienst formulieren?

Welche anderen Mittel und Wege fallen euch ein, dieses Thema im Gottesdienst zu gestalten?

Aus Gruppe 2:

Der Leiter der Schulband, in der auch Jens großer Bruder spielt, hat als gemeinsames Lied vorgeschlagen: »He's got the whole world in his hands...« »Das ist ein Gospel«, sagte er, »das bringt Schwung in den Gottesdienst.« (Du findest das Lied auf Seite 93.)

Die Gruppe probierte das Lied erst einmal selbst und war dann mit dem Vorschlag einverstanden. Danach aber wurde das Gespräch lauter und hitziger. Vor allem Jens und Simone stritten sich.
Simone: Die Band darf auf keinen Fall die ganze Zeit im Gottesdienst spielen. Die Kirche ist doch keine Disco. Ich finde, Martin sollte ein paar Stücke auf der Gitarre spielen, um die Texte zu untermalen, die gelesen werden, oder um zum Nachdenken anzuregen und zu begleiten.
Jens: Na schön, aber bloß nicht nur solche Musik. Die ist auf die Dauer langweilig. Damit jagst du die Leute aus dem Gottesdienst hinaus. Die meisten kommen doch vor allem, um die Band spielen zu hören.
Simone: Das sagst du doch nur, weil dein Bruder in der Band mitspielt und du dann angeben kannst.
Jens: Und du gibst mit deinem Klavierspiel an – immer was schön Klassisches. Aber Musik im Gottesdienst muß fetzig sein, schwungvoll, mitreißend.

Auf wessen Seite würdest du dich bei diesem Streit stellen? Oder würdest du andere Vorschläge unterbreiten?

Helft der Vorbereitungsgruppe, und sucht aus dem Gesangbuch oder aus anderen Liedheften Lieder heraus, die eurer Meinung nach zum Thema passen und die euch auch gefallen.

Aus Gruppe 3:

Hier bestimmen vor allem Anna und Markus das Gespräch.
Anna: Alte, fertige Gebete vorzulesen, bringt nichts.
Markus: Wir müssen eben eigene Gebete formulieren.
Anna: Gut, ich möchte ein frohes Gebet im Gottesdienst, eins das Mut macht.
Markus: Aber es darf nicht süßlich und harmlos sein. Wir sind ja auch ziemlich wütend darüber, was Menschen mit der Welt alles anstellen. Das müssen wir im Gebet unbedingt ausdrücken.
Anna: Natürlich dürfen wie nichts ver-

harmlosen, aber auch nicht nur Negatives zur Sprache bringen. Das nimmt jede Hoffnung.

Markus: Vor allem sollten wir den Gottesdienstbesuchern Gelegenheit geben, selbst zu Wort zu kommen. Was haltet ihr davon, vor den Fürbitten Zettel und Stifte auszuteilen, damit alle aufschreiben können, um was sie Gott bitten wollen.

Besprecht miteinander, was ihr von diesen Vorschlägen haltet.

Fallen euch andere Lösungen ein, wie die Gemeinde bei den Fürbitten aktiv mitwirken könnte?

Formuliert selbst Gebete und Fürbitten, schreibt sie auf, legt sie der Klasse vor und diskutiert sie gemeinsam.

Text: F. Pawelzik, Melodie: Fritz Baltruweit, Rechte: R. Brockhaus Verlag Wuppertal und Zürich (Text), tvd-Verlag, Düsseldorf (Melodie)

Beten nur Schwächlinge?

In dieser Geschichte verbringen Joschi und Flabes gemeinsam eine Nacht in dem Gartenhaus, das sich Joschi auf einem alten Gartengrundstück hergerichtet hat.

Es wurde früher dunkel als sonst, weil der Himmel nun ganz bedeckt war. Manchmal zuckte ein flackernder Schein über die Lichtung, ein Wetterleuchten, aber man hörte keinen Donner.

In der Hütte war es so heiß, daß sie die Decke fortwarfen, als sie sich zum Schlafen niederlegten. Laut rauschte draußen das Wasser im Topfbrunnen, kein Blatt rührte sich in den Bäumen. Sie zündeten die Kerze an. Joschi hörte, wie der Flabes leise die Lippen bewegte.
»Hast du etwas gesagt, Dienstag?«
»Amen«, flüsterte Flabes und drehte den Kopf zur Wand.

Joschi setzte sich auf und spielte mit dem Kerzenwachs. »Wenn du Angst vor dem Gewitter hast«, sagte er, »dann brauchst du nicht zu beten. Das kommt, oder es kommt nicht. Meinst du, Gott könnte sich um alles und alles auf der Welt kümmern? Von überallher schreien die Menschen: Hilf mir! Gib mir! Laß dies oder das geschehen oder nicht geschehen! Die einen sind krank, die anderen haben Hunger, die einen machen sich Sorgen, die anderen fürchten sich. Irgendwo ist Krieg oder ein Erdbeben oder eine Überschwemmung, und das alles geschieht, obwohl die Leute beten. Keiner kann Gott zu sich herrufen, damit er schnell alles gutmacht. Man muß sich selbst helfen.«
Der Flabes hielt den Kopf immer noch weggewendet. Er zupfte Heuhalme aus

der Wand und stopfte sie wieder zurück.

Er flüsterte: »Vielleicht ist es umgekehrt? Wenn du von einem etwas willst, dann mußt du zu ihm hingehen. Ich glaube, so ist das mit dem Beten. Wenn du Zahnschmerzen hast, und du gehst zu deiner Mutter, und sie legt ihre Hand auf deine Backe, dann hast du immer noch Zahnschmerzen, aber sie kommen dir nicht mehr so schlimm vor.«
Joschi lachte und warf ein Wachskügelchen durch die Tür ins Freie. »Wenn du zum Zahnarzt gehst, hören die Zahnschmerzen ganz auf!«
Lange Zeit sprachen sie nichts. Draußen fuhr ein Windstoß durch die Bäume, und mit dem nächsten Wetterleuchten grollte ferner Donner.

Sand und Heuhalme wirbelten zu ihnen herein. Die Kerze flackerte, als wollte sie verlöschen. Dann wieder brannte sie hoch auf und warf ihrer beiden Schatten riesig und drohend an die Hüttenwand.
»Und wenn man nicht weiß, was man tun soll?« fragte der Flabes. »Dann muß man doch beten.«

Joschi antwortete ihm nicht.
Das Gewitter kam schnell. Sie saßen nebeneinander auf dem Heulager, die Decke um die Schultern gelegt, und schauten hinaus. Sturmwind peitschte die Büsche, sie beugten sich tief und schnellten wieder auf. Die Baumwipfel warfen sich von einer Seite zur anderen, Donner knatterte hell und rollte polternd rings um den Horizont, und Blitze flammten rot, grellviolett und weißblau. Der kleine Raum war keine Höhle mehr, in der man sich bergen konnte. Der Wind stob durch die Tür und bog die Kerzenflamme nieder, bis

in den letzten Winkel fuhr der Blitzschein. Dann ein scharfer, kurzer Knall, als zerplatze etwas über ihnen – und gleich darauf rauschte Regen nieder. Er war wie ein Vorhang aus Wasser vor dem Türviereck und der tobenden Nacht. Schon rannen mit Gurgeln und Schmatzen kleine Bäche neben der Hütte.
Joschi schüttelte die Decke ab und lief zur Tür.

Herrlich ist das, herrlich!« rief er. »Und wenn ich bete, dann sage ich: Lieber Gott, du hast alles wunderbar gemacht, auch das Gewitter und den Sturm und alles, was in meinem Garten ist!«

Ursula Wölfel

Auf den Seiten 90 – 100 findet ihr weitere Anregungen, über dieses Thema gründlich nachzudenken.

Was meint ihr: Beten nur Schwächlinge, oder braucht man manchmal Mut zum Beten?

Welchen Sinn hat beten: für Joschi, für Flabes, für euch?

DANKEN – LOBEN – KLAGEN

Diese Seite stammt aus einem Psalter, einer Sammlung aller 150 Psalmen der Bibel, die Mönche im 13. Jahrhundert abgeschrieben haben. Sie zeigt den Anfangsbuchstaben des ersten Psalms, der – wie damals üblich – kunstvoll verziert wurde. Unten erkennt man König David, der die Harfe schlägt, und oben einen Glockenspieler. An solch einer prächtig gestalteten Initiale hat ein Mönch oft tagelang gemalt. Zu einem ganzen Psalter brauchte er manchmal viele Jahre. Er nahm sich diese Zeit. Er wollte Gott ehren und den Lesern Freude bereiten.

PSALMEN – LIEDER UND GEBETE IN ISRAEL

Menschen beten zu Gott. Sie rufen zu ihm in allen Situationen ihres Lebens. Sie danken ihm, wenn sie Grund zur Freude haben. Sie klagen und bitten um Hilfe, wenn sie in Not sind. Sie staunen und erschrecken, wenn sie über sich selbst nachdenken.

Psalmen spiegeln Erfahrungen von Menschen mit dem Leben und mit dem, der ihnen dieses Leben gegeben hat. Es sind Lieder, die die Israeliten allein oder mit anderen zusammen im Gottesdienst gesungen und gebetet haben.

aus Psalm 73

Ich weiß es: Gott ist gut zu Israel, zu allen, die ihm mit ganzem Herzen gehorchen. Doch beinahe wäre ich irre geworden, ich wäre um ein Haar zu Fall gekommen: Ich war eifersüchtig auf die Menschen, die nicht nach dem Willen Gottes fragen; denn ich sah, wie gut es ihnen geht. Sie kennen keine Krankheit bis zu ihrem Tod, gesund sind sie und wohlgenährt. Sie führen ein sorgenfreies Leben und müssen sich nicht quälen wie andere Leute. Ihren Hochmut tragen sie zur Schau wie einen Schmuck, ihre Gewalttätigkeit wie ein kostbares Kleid. Ihr Luxusleben verführt sie zur Sünde, ihr Herz quillt über von bösen Plänen. Ihre Reden sind voll von Spott und Verleumdung, mit großen Worten schüchtern sie die Leute ein. Sie reißen das Maul auf und lästern den Himmel, ihre böse Zunge verschont nichts auf der Erde. Darum läuft sogar das Volk Gottes ihnen nach und lauscht begierig auf ihr Geschwätz. »Gott merkt ja doch nichts!« sagen sie. »Was weiß der da oben von dem, was hier vorgeht?« So sind sie alle, die Gott verachten; sie häufen Macht und Reichtum und haben immer Glück.

aus Psalm 22

Mein Gott, mein Gott, warum hast du mich verlassen? Warum hörst du nicht, wie ich schreie, warum bist du so fern? Auf dich verließen sich unsere Väter, sie vertrauten dir, und du hast sie gerettet. Sie schrien zu dir und wurden befreit; sie hofften auf dich und wurden nicht enttäuscht. Doch ich bin kaum noch ein Mensch, ich bin ein Wurm, von allen verhöhnt und verachtet. Wer mich sieht, macht sich über mich lustig, verzieht den Mund und schüttelt den Kopf: Vertrau doch auf Gott! Der kann dir ja helfen. Er läßt dich doch nicht im Stich! Bist du nicht sein Liebling? Ja, du hast mich aus dem Mutterschoß gezogen, an der Mutterbrust hast du mich Vertrauen gelehrt. Ohne dich kann ich keinen Atemzug tun; seit meiner Geburt bist du mein Gott. Nun bleibe nicht fern, denn ich bin in Not! Niemand sonst kann mir helfen! Viele Feinde umzingeln mich, kreisen mich ein wie wilde Stiere. Sie reißen ihre Mäuler auf, brüllen mich an wie hungrige Löwen. Ich zerfließe wie ausgeschüttetes Wasser, meine Knochen fallen mir auseinander. Mein Herz zerschmilzt in mir wie Wachs. Meine Kehle ist ausgedörrt, die Zunge klebt mir am Gaumen. Du läßt mich im Staub liegen, als wäre ich schon tot. Bleib nicht fern von mir, Herr! Du bist mein Retter, komm und hilf mir!

aus Psalm 139

Herr, du durchschaust mich, du kennst mich durch und durch.
Ob ich sitze oder stehe, du weißt es, du kennst meine Pläne von ferne.
Ob ich tätig bin oder ausruhe, du siehst mich:
Von allen Seiten umgibst du mich, ich bin ganz in deiner Hand.
Daß du mich so vollständig kennst, das übersteigt meinen Verstand; es ist mir zu hoch, ich kann es nicht fassen.
Wohin kann ich gehen, um dir zu entrinnen,
wohin fliehen, damit du mich nicht siehst?
Steige ich hinauf in den Himmel – du bist da.
Verstecke ich mich in der Totenwelt – dort bist du auch.
Fliege ich dorthin, wo die Sonne aufgeht, oder zum Ende des Meeres, wo sie versinkt:
Auch dort wird deine Hand nach mir greifen, auch dort läßt du mich nicht los.
Du hast mich geschaffen mit Leib und Geist,
mich zusammengefügt im Schoß meiner Mutter.
Dafür danke ich, es erfüllt mich mit Ehrfurcht.
An mir selber erkenne ich: Alle deine Taten sind Wunder!
Ich war dir nicht verborgen, als ich im Dunkeln Gestalt annahm, tief unten im Mutterschoß der Erde.
Du sahst mich schon fertig, als ich noch ungeformt war.
Wie rätselhaft sind mir deine Gedanken, Gott, und wie unermeßlich ist ihre Fülle! Sie sind zahlreicher als der Sand am Meer. Nächtelang denke ich über dich nach und komme an kein Ende.

Was fällt euch auf, wenn ihr diese Psalmen lest?

Was haben die Menschen erlebt, die sie formuliert und gebetet haben?

Sucht einen Vers aus, der euch besonders beeindruckt. Malt ein Bild dazu.

ALTE PSALMEN – NEUE PSALMEN

Die Psalmen der Bibel werden bei uns auch heute noch gesungen und gebetet. Noch immer finden sich Menschen und ihre augenblickliche Situtation in den Worten und Bildern dieser Lieder und Gebete wieder. Andere meinen, man müsse ihre Vorstellungswelt und Sprache modernisieren und der unseren anpassen. Sie formulieren alte Psalmen neu.
Ein Beispiel dafür gibt Ernesto Cardinal, ein Priester aus Nicaragua. Er beginnt den 104. Psalm:

Lobe den Herrn, meine Seele!

Herr, du mein Gott, Du bist groß. Du bist in Atomenergie gekleidet wie in einen Mantel.
Wie auf einer Töpferscheibe hast Du aus einer Wirbelwolke kosmischen Staubes die Spiralen der Milchstraßen gezogen.
Unter Deinen Händen begann das Gas sich zu verdichten und zu glühen, so formtest du die Sterne.
Wie Sporen oder Samen hast Du Planeten ausgestreut und sätest Kometen wie Blumen.
Ein rotglühendes Meer war der ganze Planet, Eisen und rote, geschmolzene Felsen stiegen und sanken mit den Gezeiten.
Und alles Wasser war damals noch Dampf, dunkle Wolkendecken hüllten die Erde ein.
Und dann begann es zu regnen – Jahrhundert um Jahrhundert, ein jahrhundertelanger Regen fiel auf steinerne Kontinente.

Vergleiche diese Neudichtung mit dem Psalm 104, wie du ihn in der Bibel oder auf S. 97 lesen kannst.

Lobe den Herren, du, meine Seele

2. Du nimmst die Winde als deine Boten,
dein ist der Donner, der Blitze treibt.
Du hast das Erdreich so fest gegründet,
daß es für immer bleibt.

3. Du läßt das Wasser quelln in den Tälern,
und alle Tiere löschen den Durst.
Singend darüber sitzen die Vögel;
voll ist das land, denn du schaffst ihm Frucht.

4. Gras für das Vieh und Saat für den Menschen:
du läßt sie wachsen beiden zu Nutz.
Wein für die Freude, öl für die Schönheit,
Brot für die Stärke, du – unser Schutz.

5. Du gabst dem Mond auf, das Jahr zu teilen;
die Sonne weiß von dir ihren Gang.
Du läßt die Löwen rauben im Dunkel,
tags geht der Mensch ans Werk mit Gesang.

6. Herr, deine Werke, wie sind sie groß, und
weise geordnet ist all dein Gut.
Riesige Fische spielen wie Kinder
im weiten Meer, das nimmermehr ruht.

Alte gälische Melodie, Text: Siegfried Macht, aus: Siegfried Macht, Noch lange nicht ausgedient, Strube Verlag, München

Ganz neue Psalmen schreiben Menschen, die eine Erfahrung ausdrücken wollen, die sie im Psalter so nicht gefunden haben. Auch sie reden mit Gott wie in einem persönlichen Gespräch.

■ **Psalmen wurden gebetet und gesungen. Im Laufe der Jahrhunderte wurden sie darum auch immer wieder neu vertont.** ■

Suche im Gesangbuch nach Liedern, die Psalmen zur Vorlage haben.

Geborgen ist mein Leben in Gott

Geborgen ist mein Leben in Gott.
Er hält mich in seinen Händen.
Manchmal habe ich Angst.
Ich bin ganz allein.
Wer ist da, der mich tröstet?

Geborgen ist mein Leben in Gott.
Er hält mich in seinen Händen.
Manchmal bin ich sehr traurig.
Oft weiß ich nicht – warum...
Wer ist das, der mich in seinen Arm nimmt?

Geborgen ist mein Leben in Gott.
Er hält mich in seinen Händen.
Manchmal habe ich das Gefühl,
daß niemand mich leiden mag.
Oft mag ich mich selbst nicht.
Wer ist da, der mich verstehen will?

Geborgen ist mein Leben in Gott.
Er hält mich in seinen Händen.
Manchmal bin ich feige.
Ich traue mich nicht, den Mund aufzumachen.
Ich habe nicht den Mut, das Rechte zu tun.
Wer ist da, der mir hilft?

Geborgen ist mein Leben in Gott.
Er hält mich in seinen Händen.
Manchmal habe ich Angst vor dem Sterben.
Ich versuche, mir das vorzustellen.
Wer ist da, der mich in dieser Angst begleitet?

Geborgen ist mein Leben in Gott.
Er hält mich in seinen Händen.
Er ist für mich da.
Er hat mich lieb.

Heide Herr

REGISTER

Adam 89
Altar 35, 166f.
Antependien 173
Astronauten 92f.
Auferstehung 162f., 173

Babylon 87f.
Bartimäus 131
Beten 36f., 44, 98, 182f.
Bethlehem 23
Bibel 148ff., 157ff.
Blindsein 67, 131ff.

David 23ff., 34, 38f.
Dekalog (siehe Gebote)
Dritte Welt 103, 107

Elia 115
Eltern 124ff.
Eva 89
Evangelisten 152f.

Fairneß 76ff.
Feste 12ff., 120f., 174ff.

Gebet (siehe Beten)
Gebote 15f.
Gesetze 21, 74f., 82
Glaubensbekenntnis 90
Gleichnis,
  Nathan; Schaf des Armen 40f.
  Jesus; Verlorenes Schaf 116ff.
    Verlorener Sohn 120ff.
    Senfkorn 142ff.
Goliath 24f.
Gott 12, 27, 36, 57, 84ff., 90f., 101, 108, 110ff., 115, 122
Gottesdienst 177ff.

Himmelreich 141ff.
Hoffnung 134ff., 144

Israel 12ff., 17, 23, 87, 150

Jerusalem 31ff., 87
Jericho 131
Jesus 42ff., 56f., 116ff., 125, 131, 136, 138, 163
Jonathan 28ff.

Kinder 56, 69ff.
Kirchen:
  St. Jakob,
    Rothenburg o. d. T. 166ff.
  St. Lorenz, Nürnberg 169f.
  Friedenskirche, Gräfelfing 171f.
Könige in Israel 18ff.
Korczak, Janusz 69
Kunstwerke 158, 164ff.

Leid 36f., 101f., 119, 128f., 132, 138f., 140
Liebe 42f., 82
Luther 90, 153

Maria von Magdala 163
Mensch 57, 58ff., 65, 86, 89ff.
Mirjam 162

Nathan 40f.

Ostern 139, 175

Palmsonntag 174f.
Paradies 89
Pessach 12
Philister 18
Prophet 41
Psalter 184

Qumran 155f.

Rechte 69, 73
Regeln 48, 63ff.
Reich Gottes
  (siehe Himmelreich)

Samuel 29
Saul 23, 28ff.
Schöpfung 57, 86ff., 103
Seder 12ff.
Spielregeln (siehe Regeln)

Tempel in Jerusalem 33
Tod 134ff., 140

Umwelt 103ff., 179ff.
Universum 94f.
UN-Konvention 73

Wunder 127, 131f., 136f., 150

Zachäus 125

Wir danken allen Rechteinhabern für die Abdruckerlaubnis. Nicht alle Quellen und Rechteinhaber konnten ausfindig gemacht werden. Der Verlag ist für entsprechende Hinweise dankbar. Rechtsansprüche bleiben gewahrt.

BILDNACHWEIS

10/11	© Bertram J. Schmidt, Baierbrunn
12/13	© Görlitz Verlag, Karlsruhe
16	© Marie Marcks, Heidelberg
17	© Bertram J. Schmidt, Baierbrunn
18 oben	© Bertram J. Schmidt, Baierbrunn
18 unten	Pharao als Sieger über die Syrer, © Bildarchiv Preußischer Kulturbesitz, Berlin 1995
19 unten	© Bildarchiv Preußischer Kulturbesitz, Berlin 1995
20 oben	© aus: Altorientalische Texte und Bilder zum AT, Bd. 2, Abb. 253, S. 126, © Verlag J. C. B. Mohr (Paul Siebeck), Tübingen 1995
20 unten	aus: Hans Strelocke, Ägypten und Sinai, © DUMONT Buchverlag Köln
22	Marc Chagall: König David, © VG Bild-Kunst Bonn 1995
23	© Roland Peter Litzenburger: David sprang und tanzte mit Jauchzen, Federzeichnung 1974
24	© Bertram J. Schmidt, Baierbrunn
27	Foto privat
28	Emil Nolde: Saul und David, © Nolde-Stiftung, Seebüll
30 unten	© Bertram J. Schmidt, Baierbrunn
32	© Ingrid Grill, Neuried
33 oben	© Staatliches Israelisches Reisebüro
33 Mitte	© Ingrid Grill, Neuried
33 unten	© Ingrid Grill, Neuried
35	© Fritz Witzig, München
36/37	© Milly Orthen, München
39	© Bertram J. Schmidt, Baierbrunn
40	Original von Eduard Gentner, aus: Lieselotte Corbach, Amos, © Verlag Vandenhoeck & Ruprecht, Göttingen 1972
42	Buchenberger Herrgöttle © Johann Haller, Königsfeld
43	© Bertram J. Schmidt, Baierbrunn
47	© Bertram J. Schmidt, Baierbrunn
49	© Milly Orthen, München
50	© Agentur Rauchensteiner, München
51	© Marie Marcks, Heidelberg
52	© Milly Orthen, München
53	© Milly Orthen, München
54/55	© Bertram J. Schmidt
56	Emil Nolde: Christus und die Kinder, © Nolde-Stiftung, Seebüll
62	© Foto von Gérard Sioen, Agentur Anzenberger, Wien
63	© Christian Topp, München
64/65	© Bertram J. Schmidt, Baierbrunn
65 oben	© dpa München
67 oben l.	© Christian Topp, München
67 oben r.	© Kenneth Brown, München
67 unten	© Bayerische Landesblindenanstalt München
68	© Evangelisches Missionswerk, Hamburg
70/71	© terre des hommes, Osnabrück
71	© Care & Fair, Hamburg
72 oben l.	© Jens Pabst
72 oben r.	© Jürgen Richter, München
72 Mitte	© Milly Orthen, München
72 unten l.	© Steyl Foto, München
72 unten r.	© Steyl Foto, München
73	© SZ Bildarchiv
74/75	© Diakonisches Werk, Stuttgart
75	© Kenneth Brown, München
76/77	© Susanne Glöckner, Dortmund
78/79	© Landesleistungszentrum Fechten, Tauberbischofsheim, Welt-Fechtmeisterschaften in Essen 1993
80/81	© Christian Topp, München
82	© Hans Georg Anniès, Moritzburg
85	© Jutta Hollick, Unterschleißheim
91 oben l.	© Missionswerk der Evang. Luth. Kirche in Bayern, Neuendettelsau
91 oben r.	© Klaus Honigschnabel
91 Mitte	© Dia Dienst, München
91 unten r.	© Dia Dienst, München
91 unten l.	© Klaus Honigschnabel
92	© Bertram J. Schmidt, Baierbrunn
94/95 o.	© Peter Stättmayer, Herrsching
94/95 u.	© Frieder Sauer, Karlsfeld
96	© JALS, CH 6403 Küsnacht
97	© Bertram J. Schmidt, Baierbrunn

98/99	© Michael Jordan, Ettringen
100	© Bertram J. Schmidt, Baierbrunn
102	Karl Henning Seemann: Christus am Kreuz, VG Bild-Kunst, Bonn 1995
103 links	© Süddeutscher Verlag, Bilderdienst, Heike Riemer, Atomkraftwerk Ohu II bei Landshut
103 Mitte l.	© Greenpeace
103 Mitte r.	© Horst Jürgen Schunk
104 oben	Wolter, © Löwensteiner Cartoon Service, 78567 Fridingen
104 Mitte	Jals, © Löwensteiner Cartoon Service, 78567 Fridingen
104 unten	Rencin © Löwensteiner Cartoon Service, 78567 Fridingen
105 oben	© Bertram J. Schmidt, Baierbrunn
107	© Marie Marcks, Heidelberg
108	© Bertram J. Schmidt, Baierbrunn
111	© Evang- Luth. Kirche in Bayern
112	Sieger Köder: Sintflut, © Schwaben Verlag, Ostfildern
113	© Roland Peter Litzenburger: Die Aussendung des Abraham, Kugelschreiber 1985
114	Anne Seifert, © Albert Höfer, Graz
118	Callixtus-Katakombe, Krypta der Lucina: Christus als guter Hirte, © Scala Instituto Fotografico Editoriale, Florenz
119	Foto von Hans Rainer Fechter, Nürnberg
120/121	© Burckhardthaus/Laetare Verlag, Offenbach
125	Alemayehu Bizuneh, © Misereor, Medienproduktion und Vertriebsgesellschaft mbH, Aachen 1978
129	© Irene Margil, Hamburg
131	Kees de Kort, aus: Was uns die Bibel erzählt: Bartimäus, © Deutsche Bibelgesellschaft, Stuttgart 1968
132	© Bayerische Landesblindenanstalt München
134/135	© Christiane Schwickardy
137	Erweckung der Tochter des Jairus, © AKG Berlin
140	© Christiane Schwickardy
142/143	© Bertram J. Schmidt, Baierbrunn
144 rechts	© Manfred Kage, Lauterstein
147 oben l.	© Martin Lagois, Nürnberg
147 oben r.	© Steyl-Foto
147 Mitte l.	© Hans Rainer Fechter, Nürnberg
147 Mitte r.	© Hans Lachmann, Monheim
147 u. r.	© Hans Lachmann, Monheim
147 u. l.	© Christian Topp, München
148	© Deutsche Bibelgesellschaft, Stuttgart
152	aus: Zierde für ewige Zeiten, Das Perikopenbuch Heinrich II., Bayerisches Nationalmuseum München, © Coron Verlag Monika Schoeller & Co, Lachen am Zürichsee 1994
153 oben	© Deutsche Bibelgesellschaft, Stuttgart
156 oben	© Regula Winkler, München
156 unten	aus: Die Bibel – überliefert und gelebt. Ein Medienpaket, © 1987 Theologischer Verlag Zürich/Katechetisches Institut Zürich
157	aus: Astrid Lindgren, Die Brüder Löwenherz, © Verlag Friedrich Oetinger, Hamburg 1973
158	© Prestel Verlag München/New York
160 – 163	© Misereor Medienproduktion und Vertriebsgesellschaft mbH, Aachen
165 o. r.	© Martin Lagois, Nürnberg
165 u. r.	© aus: Frits van der Meer, Die Ursprünge christlicher Kunst, © Verlag Herder, Freiburg 1982
166	Foto von Johannes Pötzsch, Buch am Wald/Dekanat Rothenburg o. d. T.
167	© AV Medienzentrale, München
168	Foto von Johannes Pötzsch, Buch am Wald/Dekanat Rothenburg o. d. T.
169	© Bischof & Broel KG, Nürnberg
170 oben	© Martin Lagois, Nürnberg
171	© Christian Topp, München
172	© Christian Topp, München
173	Elke Schmidt, © J. P. Peter Verlag, Rothenburg o. d. T.
174/175	© Germanisches Nationalmuseum, Nürnberg
177 – 180	© Bertram J. Schmidt, Baierbrunn
181	© Hans Lachmann, Monheim
184	aus: Die Bibel – überliefert und gelebt. Ein Medienpaket, © 1987 Theologischer Verlag Zürich/Katechetisches Institut Zürich
186	Foto © H. P. Cordes, Hamburg
188	© Martin Lagois, Nürnberg

TEXTNACHWEIS

30 unten aus: Max Bolliger, David, © Ravensburger Buchverlag 1986

43 aus: Wolfgang Longardt, Spielbuch Religion 2, Patmos Verlag, Düsseldorf

58 – 61 aus: Gudrun Pausewang, Friedensgeschichten, © Ravensburger Buchverlag 1985

69 aus: Janusz Korczak, König Hänschen I, aus dem Polnischen von Katja Weintraub, Vandenhoeck & Ruprecht, 5. Aufl., Göttingen 1995

70 rechts aus: Michael Albus/Peter Härtling, Kinder einer Erde, Patmos Verlag , 2. Aufl., Düsseldorf 1991, Text: Michael Albus

73 aus: Castelle K., Zum Wohl des Kindes. Ein Leitfaden zu der UN-Konvention über die Rechte des Kindes, Plan International Deutschland e.V., Pestalozzistr. 14, 22305 Hamburg

78 aus: Wort und Bild, © Sabe AG, Verlagsinstitut für Lehrmittel, Zürich 1970

90 aus: Denk mal nach... mit Luther, hrsg. von Hubertus Halbfas, Patmos Verlag, Düsseldorf

98 aus: Religionsbuch für das 2. Schuljahr, hrsg. von Hubertus Halbfas, Patmos Verlag, Düsseldorf

102 links © Pater Dr. Franz Gypkens

108 aus: Lothar Zenetti, Sieben Farben hat das Licht, J. Pfeiffer Verlag, 2. Aufl., München 1987

118 rechts © Martin Gutl, Graz

119 rechts aus: H. S. Kusher, Wenn guten Menschen Böses widerfährt, Tomus Verlag, München 1983

123 links aus: Jugendbibelwoche 1988, Vorstellungen von Gott, Hrsg. Erzbischöfliches Jugendamt, München

123 rechts Stadtpfarre St. Blasius, Salzburg

124 © Chanson Edition Reinhard Mey, Bonn-Bad Godesberg 1974

125 aus: Don Bosco Magazin Nr. 5/1993, Text (gekürzt) von P. Georg Demming zu dem Misereor-Hungertuch aus Äthiopien: Jesus und Zachäus, Don Bosco Verlag, München

127 links aus: Hans-Joachim Gelberg (Hrsg.), Überall und neben dir, 1986 Beltz Verlag, Weinheim und Basel, Programm Beltz & Gelberg, Weinheim

128/129/132 aus: Jaap ter Haar, Behalt das Leben lieb, © Georg Bitter Verlag, Recklinghausen 1976

138/139 aus: Walter Neidhardt, Erzählbuch zur Bibel 1, © Verlag Ernst Kaufmann, Lahr/Patmos-Verlag, Düsseldorf/TVZ, Zürich

140 aus: Suchen und glauben. 10. Schuljahr. Schülermappe, © Bernward Verlag GmbH, Hildesheim

143 aus: Die Blumen des Blinden. Kurze Texte zum Nachdenken, hrsg. von L. Graf u. a. © Chr. Kaiser/Gütersloher Verlagshaus

177/178 aus: Forum Abendmahl, hrsg. von Georg Kugler, Altdorf

182/183 aus: Ursula Wölfel, Joschis Garten, © K. Thienemanns Verlag, Stuttgart/Wien

187 rechts aus: Ernesto Cardenal, Zerschneidet den Stacheldraht, Peter Hammer Verlag, Wuppertal 1967

188 aus: Lob sei Dir. Wir feiern Kindergottesdienst: Passion und Ostern, hrsg. vom Rheinischen Verband für Kindergottesdienst, Saarbrücken 1974